KB066992

과거시험이
전 세계
역사를 바꿨다고?

과거시험이 전 세계 역사를 바꿨다고?

이상권 지음

요즘도
과거시험을 보면서
살고 있는 아이들

특별한서재

차례

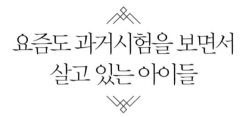

요즘도 과거시험을 보면서
살고 있는 아이들

하늘이 맑은 가을날, 친구 소연이가 놀러왔다. 중학교 1학년 때 알게 된 소연이는 속엣말을 편하게 할 수 있는 몇 안 되는 친구다. 우리는 거실 소파에 앉아서 피자를 먹으면서 한동안 수다를 떨었다.

소연이는 나랑 이야기를 하면서도 거실 책꽂이 쪽으로 자꾸만 눈길을 주었다.

우리 집은 아빠가 작가라서 책이 많은 편이다. 그제야 나는 소연이가 우리 집에 왜 오고 싶어 했는지 알 것 같았고, 소연이의 꿈이 작가라는 것도 생각났다.

엄마한테 책 좀 읽으라는 잔소리를 매일 들으면서 사는 나는 저 많은 책이 늘 부담스러웠는데, 책을 보고 아주 좋아하는 소연이 때문에 나도 모르게 그 책들을 찬찬히 들여다보게 되었다.

책꽂이 절반 정도는 먼지가 쌓이지 않도록 문이 달린 책장이었다. 소연이가 그걸 열어봐도 되냐고 물었다. 나는 고개를 끄덕였다. 닫혀 있는 책꽂이 속에는 오래된 책들이 들어 있었다. 1950년대에 나온 김소월의 『진달래꽃』, 이효석의 『메밀꽃 필 무렵』이라는 책을 끄집어냈다.

"지후야, 난 이렇게 책 많은 집이 좋아. 이런 곳에 앉아서 커피 한 잔 마시며 책 읽고, 글 쓰면서 살고 싶어."

"소연이 넌 그렇게 될 거야."

나는 진심으로 소연이를 응원해주었다.

소연이는 다른 책꽂이 문을 열다가 '이게 뭐지?' 하는 표정으로 나를 보았다. 그곳에는 옛날이야기 속에나 나올 것 같은 책들이 진한 책 냄새를 풍기고 있었다. 재채기가 나오려고 했다.

"어, 그거? 우리 집 가보야. 우리 조상들이 보던 책이라고 들었는데……."

"와, 대박! 이렇게 오래된 책은 처음 본다. 만지면 책이 바스라질 것 같아. 이게 다 너희 조상님들이 물려준 것이야?"

나는 엉거주춤 고개를 끄덕였다. 아빠한테 몇 번 이야기를 들었지만 건성으로 듣고 흘려버린 상태라서 더 이상 설명해줄 수가 없었다. 다만 그 책들이 과거시험하고 관련이 있다는 것만 말해줄 수 있었다.

"진짜, 이게 다 과거시험이랑 관련이 있다고?"

"그래, 다른 책꽂이 속에 보면 과거시험 상장이랑 옛날에 우리 조상님들이 쓰신 과거시험 답안지도 있어. 야, 우리 아빠 오신다. 우리 아빠한테 직접 물어봐."

내가 더듬더듬 이야기를 하고 있을 때 마침 아빠가 외출에서 돌아오셨다. 소연이는 살갑게 인사했다. 내가 작가 지망생이라고 하자 아빠는 더욱 반갑다고 하면서 친근하게 대해주었다. 소연이가 그 오래된 옛날 책들에 대해서 묻자, 우리 집에 놀러온 아이들 중에서 그런 고리타분한 것에 관심을 보인 사람은 소연이가 처음이라고 했다.

아빠는 과거시험 상장을 비롯하여 과거시험 답안지와 오래된 책 몇 권을 끄집어내서 직접 만져보게 해주었고, 그 내용을 살짝 들려주기도 했다. 소연이는 붉은 종이로 된 과거시험 상장을 보고는, 이게 정말 300년도 넘은 거냐고 물었다.

"이 붉은 종이는 '홍패'라고 불러. '붉은 상장'이라는 뜻으로 이해해도 된단다. 홍패 맨 끝에 보면 강희 26년康熙 二十六年이라고 적혀 있잖아? 옛날에는 우리가 중국 황제의 연호를 썼다는 거 알지? 국가 공식 문서에는 모두 중국 황제의 연호를 써야 했어. 강희 26년은 1687년으로 숙종 13년이란다. 그러니까 지금으로부터 330년 전인 거지."

"아빠, 근데 이렇게 종이가 멀쩡해? 진짜 믿어지지 않는다."

"옛날 과거시험은 요즘 백일장이랑 비슷했는데, 합격자들에게 그

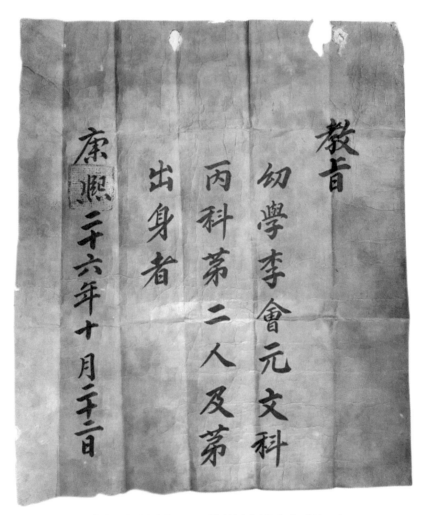

教旨

幼學李會元文科
丙科苐二人及苐
出身者

康熙二十六年十月二十二日

문과에 응시하여 병과에서 2등으로 합격한 〈이회원 홍패〉 개인 소장

문과 병과에 급제하여 고위 공무원이 된 이회원. 학이 수놓아진 흉배는 문과를
상징한다. 조선시대 고위 공무원들은 모두 다 저런 관복을 입고 일을 했다.
〈이회원 초상〉 개인소장

런 상장을 준 거야."

"아빠, 거기 뭐라고 쓰여 있어? 얼마 전에 내 짝꿍이 무슨 백일장
대회에 나가서 상을 받았어. 그걸 선생님이 우리 반에서 다시 한 번
읽어줬는데…… 위 학생은 백일장 대회에서 우수한 성적을 거두어
이 상장을 수여합니다…… 뭐 그런 식으로 적혀 있었던 것 같아. 옛
날에도 그렇게 썼어?"

"하하하, 지후야! 옛날에는 상장에다 그런 걸 쓰지 않았단다. 홍
패에는 '유학이회원문과병과제2인급제출신자'라고 적혀 있어. 유학
이 회원은 문과에 응시하여 병과에서 두 번째로 합격했다는 내용이

란다.”

“선생님, 문과는 뭐고 병과는 뭐예요? 과거에 대해서 이야기 좀 해주시면 안 돼요? 갑자기 궁금해져요.”

아빠는 커피를 한 잔 타가지고 오더니 우리를 보고는 뭐 먹고 싶은 거 없냐고 물었다. 맛있는 것을 먹으면서 들어야 지루하지 않다고 했고, 나는 기다렸다는 듯이 마늘치킨을 시켜 달라고 했다. 그리고 소연이를 보면서 잘됐다고 속삭였다. 나도 이번 기회에 우리 조상님들이 공부했던 과거시험에 대해서 알고 싶었기 때문이다. 아빠는 우리에게 거듭 고맙다는 말을 했다.

“요새 누가 이런 이야기를 듣고 싶어 하니? 그래서 우리 딸한테도 아직 이런 이야기는 하지 않았단다. 나중에 본인이 궁금해 할 때가 있을 것이라고만 생각했고, 일부러 그런 이야기를 들려주지는 않았단다. 그래서 우리 딸 친구 소연이한테 고맙다고 하는 거야.”

“야아, 소연이 너 우리 아빠한테 칭찬 엄청 받는다!”

“선생님, 고맙습니다!”

소연이 얼굴이 빨개진 것을 보고는 나는 헤헤헤 웃어주었다. 아빠는 다른 책꽂이에서 옛 그림책이랑 옛 고전소설을 끄집어내다가 우리 앞에다 쌓아두었다. 그런 다음 우리 앞에 앉았다.

“난 문학을 공부했기 때문에 역사에 대해서는 잘 모른단다. 특히 과거시험에 대해서는. 어린 시절 우리 할아버지는 늘 글을 읽으셨어. 조선의 마지막 선비였다고나 할까? 그 시절은 과거시험이 없었

지. 할아버지 방에는 이런 옛날 책들이 수백 권 쌓여 있었어. 그걸
다 물려받지 못한 게 아쉬워. 할아버지는 세상이 변했기 때문에 나
한테 옛날 책으로 가르쳐주지도 않았고, 당신 혼자서만 날마다 소
리 내어 읽으셨지. 그리고 난 그 책들을 잊어버렸어. 결혼하고 몇 년
뒤 고향에 가니까 어머니가 창고에서 이 책들을 끄집어내서 보여준
거야. 쓸 만한 거 있는지 보라고. 이미 몇 차례 장사꾼들이 와서 훑
어가고 남은 것들이래. 근데 그것도 쥐들이 절반은 다 뜯어먹었더
라. 그걸 보고 어찌나 조상님들에게 미안하던지, 부랴부랴 챙겨 와
서 알아보니 그게 다 과거시험에 쓰인 문서와 책들인 거야. 그때부
터 과거에 대해서 공부했는데, 지금도 아이들이 과거시험을 보면서
살고 있다는 사실을 알게 된 것이지."

"예? 아이들이 과거시험을 보고 산다고요? 지금 우리들이요?"

나는 설마 하는 표정으로 아빠를 보았다. 아빠는 고개를 끄덕였
다.

"아이들뿐만 아니라 어른들도 과거시험을 보면서 살고 있어. 왜
그런지 지금부터 이야기해줄게. 옛 그림이랑 옛날이야기 속에 나오
는 과거에 대한 이야기를 같이 보여줄 테니까, 잘 보고 들어보렴."

1

옛날 청소년도
시험 스트레스가 아주 심했다는데?

과거에 급제하여 금의환향하는 놀이를 하는 아이들. 〈백동자도〉 국립민속박물관

과거시험은
결혼식 할 때부터 시작되었다

자, 무슨 이야기부터 할까? 그래, 우선 이 그림부터 보여줘야겠다. 이것은 조선시대 문관의 일생을 그린 민화 〈평생도〉란다. 한 사람이 태어나서 죽을 때까지의 과정을 병풍 형식으로 그려놓은 거야. 이 그림은 결혼하는 장면이란다. 집중하고 그림 속으로 들어가 보면 사방이 시끌시끌하다는 것을 알 수가 있어. 마당에서 놀고 있던 아이들은 물론이고, 부엌에서 일하던 엄마랑 할머니까지 어느새 대문 밖으로 달려가셨네!

"아이고 잘생겼네! 신랑이 나이가 어리다고 들었는데, 아주 의젓하구먼!"

"공부도 아주 잘한다고 들었으니 머지않아 과거에 급제하겠구먼!"

양반들이 꿈꾸는 인생을 그린 평생도의 한 장면. 〈평생도, 제2폭 혼례식〉 고려대박물관

그렇게 구경꾼들이 저마다 한마디씩 하는 소리가 들리지? 요즘하고 달리 옛날에는 결혼식이 그야말로 한 마을의 축제였어.

소연 _ 선생님, 근데 결혼식이 과거시험하고 무슨 관련이 있나요? 지금 과거시험에 대한 이야기를 해주시는 것 맞죠? 지후는 그림에 관심이 많지만 전 그림을 잘 모르거든요.

허허허, 소연아! 당연히 나는 과거시험에 대한 이야기를 하는 거란다. 자, 조금만 참고 기다려봐. 지금 어디선가 "꽈악! 꽈악!" 하고 오리 소리가 들리지 않니? 그림 속을 잘 찾아보면 오리들이 어디서 소리치는지 알 수 있을 거야. 그래, 청사초롱을 든 사람들 오른쪽에 있구나!

결혼식 이야기를 하다가 왜 갑자기 오리 이야기를 하냐고? 그건 말이다. 저 오리들이 이 그림의 핵심이기 때문이란다. 결혼식 하는 장면에서는 저 그림이 빠지면 안 되거든.

오리는 한자로 '압鴨'이라고 해. 압鴨이라는 글자는 두 개의 글자가 합쳐져서 만들어졌는데, 앞에는 갑甲이라는 한자가 있고 뒤에 조鳥 자가 붙어 있어. 갑甲이란 '최고' 또는 '으뜸'이라는 뜻인 거 잘 알지? 소연이는 반에서 가장 글을 잘 쓴다고 했지? "우리 반에서 글짓기는 소연이가 갑이야!" 하고 말하는 거지. 그러니까 '압鴨'이라는 말은 '최고의 새' 또는 '새 중에서 으뜸'이라는 뜻이지. 오리가 그런 뜻을 가지고 있다는 것 처음 알았지?

어쨌든 '압鴨'이라는 말에는 갑甲 자가 들어 있어서 '최고' 또는 '으뜸'이라는 의미를 가지고 있단다. 그래서 저 오리 두 마리는 "신랑 신부는 저 오리처럼 행복하게 사시고, 신랑은 과거에 응시하여 갑으로(최고의 성적으로) 급제하세요." 하는 뜻이 들어 있는 거야. 부부가 행복하게 살기 위해서는 신랑이 반드시 과거에 급제해야 한다는 뜻이야. 그러니 저 그림을 누군가 선물로 주었다면 신랑 입장에서는 얼마나 부담스러웠겠니?

지후_아빠, 단순히 글자 속에 갑甲이 들어 있다고 하여 과거시험을 의미한다니, 진짜 웃겨. 그리고 오리가 '최고의 새'라는 뜻을 가지고 있다는 말은 처음 들어. 어쨌든 오리라는 한자에 갑甲이 들어가서 결혼식에 등장하는 거군.

지후야, 아빠가 생각하기에도 조금 유치하기는 하지만 그래도 그 발상이 재밌잖아? 아무튼 말이야, 옛날에는 직업이 다양하지 않아서 공무원이 최고였단다. 요즘도 공무원 시험의 경쟁률이 장난 아니라는 거 알지만, 옛날하고는 비교할 수가 없었지. 옛날 과거시험이 공무원 시험이거든. 거기 합격하면 벼슬을 얻게 되고, 양반으로 신분 이동을 할 수가 있어. 옛날에는 양반, 중인, 평민, 천민 그렇게 신분이 정해져 있었잖아? 그러니까 과거에 합격해서 공무원이 된다는 것은 양반이 된다는 것을 의미해.

　양반으로 살기 위해서는 반드시 공무원 시험에 통과해야만 했으니, 청소년들의 스트레스가 엄청나게 클 수밖에 없었어. 지금 저 그림에 나오는 신랑은 요즘 나이로 생각해보면 청소년이거든.

　오랫동안 양반으로 떵떵거리며 살던 송 씨 집안이 있었다. 그러나 과거에 급제하여 벼슬을 하는 후손이 점점 없어지면서, 양반의 지위가 없어져서 집안이 몰락하는 지경에 이르고야 말았다.

「옛 하인 막동이」

　『옛 하인 막동이』라는 옛이야기에 나오는 것처럼 3대째 과거 합격자가 나오지 않을 경우, 그 집안에서는 모든 것을 걸고 수험생에게 올인하기 마련이야. 생각해보렴. 모든 집안 식구가 자기만 쳐다보고 있다면 어쩌겠니?

　"이제 집안을 일으켜 세울 사람은 너밖에 없다. 그러니 남들보다 더 열심히 공부해서 꼭 과거에 급제하여야 한다. 그래야 양반으로 떵떵거리면서 살 수 있느니라."

　나 같으면 도저히 부담스러워서 공부를 할 수가 없었을 것 같구나!

어른들이 아이들에게 권장했던
승경도 놀이

예나 지금이나 어른들은 아이들이 노는 걸 별로 좋아하지 않아. 어떻게 해서든 노는 것을 줄이고 공부를 시키려고 하는데, 옛날 어른들이 아이들에게 권장했던 놀이가 있단다.

그게 바로 주사위 놀이야. 주사위라는 말은 유럽에서 온 놀이를 번역하면서 생긴 것이고, 우리나라 토종 말은 윤목이라고 했어. 그래서 옛날 사람들은 윤목 놀이라고 불렀고, 승경도 놀이라고도 했지. 놀이판을 승경도라고 했거든.

놀이판인 승경도는 주사위 판보다 훨씬 더 복잡하고 다양하게 이루어져 있지. 승경도에는 아주 촘촘하게 칸을 만들어서 정1품에서 종9품까지 조선시대 벼슬 이름이 적혀 있었어. 요즘 식으로 말하면 1급 공무원부터 9급 공무원까지 관직 이름이 다 적혀 있는 거야.

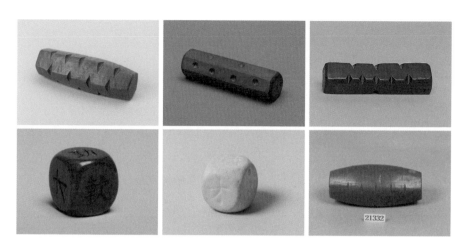

서양의 주사위와 똑같은 윤목. 사람에 따라 다양하게 모양을 만들어서 이용했다.
〈윤목〉 국립민속박물관

지후_ 아빠, 옛날 공무원도 요새 공무원처럼 1급부터 9급까지 있었네! 참 신기하다!

그래, 공교롭게도 옛날 공무원 제도랑 요새 공무원 제도가 비슷하구나!

자, 승경도 놀이는 윤목을 굴려 나온 수에 따라 말을 이동시키는 거야. 맨 아래쪽에는 9품에 해당하는 관직 이름이 적혀 있지. 낮은 관직부터 높은 관직으로 올라가는 거니까. 말을 옮겨가는 도중에 중요한 관직에 오르면, 그 관직이 지니고 있는 힘을 발휘할 수도 있어. 가령 암행어사가 되면 다른 관직에 오른 이들을 파면시킬 수도 조선시대 모든 관직을 나열해 놓고 윤목을 굴려 낮은 관직에서 높은 관직으로 이동하는 승경도 놀이.
〈승경도〉 국립민속박물관

있었어. 주사위 놀이를 보면 꽝!이 있는데, 승경도 놀이에도 그와 비슷한 것이 있어. 바로 사약을 받는 경우야. 사약을 받게 되면 당사자가 죽는 것이니까, 그 게임에서 완전히 탈락하게 되는 거지.

이 놀이를 하다 보면 자연스럽게 조선시대 거의 모든 관직을 다 외우게 될 뿐만 아니라 관직의 특징까지도 알게 된단다. 게다가 유배를 당하고 사약을 받는 항목까지 있기 때문에 현실 정치의 축소판이라고 할 수 있어서 아이들이 더욱 재미있어 했어.

"야야, 넌 사약 받았으니까 죽은 거야. 넌 꼴찌!"

"이놈들, 내가 암행어사가 됐다! 어디로 출도해서 못된 관리를 처벌해줄까!"

뭐 그런 식으로 요란하게 떠들어대면서 놀이를 하는 거야. 결국 그 놀이를 자꾸 하다 보면 높은 자리에 오르기 위해서는 열심히 공부하여 과거에 합격해야 한다는 것을 알게 돼. 그리고 더 높은 곳으로 승진하기 위해서는 반드시 경쟁자를 떨어트려야 한다는 점도 일찍부터 가르치는 놀이기도 했어.

그러다 보니 뜻있는 선비들은 승경도 놀이가 아이들의 정신을 타락하게 하고 지나치게 경쟁을 유도하여 진정한 학문을 하는 뜻을 해친다고 걱정하고, 왕에게 그런 놀이를 금지해달라고 건의하기도 했어. 하지만 대다수 어른들 입장에서 보면 놀이를 통해 과거 시험의 중요성을 일깨워줄 수 있으니, 그 놀이를 아이들에게 권장했단다.

벼슬 품계석이 동쪽과 서쪽으로 늘어서 있다. 동쪽은 문관들이 서는 자리이고,
서쪽은 무관들이 들어서는 자리이다. 〈조선시대 벼슬 품계 표지석〉 경복궁, 창덕궁

소연_ 선생님, 요즘 어른들도 그러겠지요. 만약 컴퓨터게임이 대학
입시에 나온다고 하면 누구나 그걸 하라고 권장하겠지요?
대학 입시에 관련이 있느냐, 없느냐에 따라서 모든 것이 달
라지잖아요.

옛날에는 한자 공부가
조기교육의 대세였어

이번에 보여줄 그림은 〈책가도〉라는 병풍이야.

소연_ 헉, 선생님! 꼭 진짜 책꽂이 같아요. 와, 멋져요! 옛날에도 저
렇게 책꽂이가 있었군요? 선 책을 좋아해서 그런지 근사해
보여요. 요즘 책꽂이보다 훨씬 더 근사해요.

　내가 보기에도 우리 집에 있는 책꽂이보다 저 〈책가도〉에 있는
책꽂이가 더 근사해 보이는구나. 책뿐만 아니라 붓이라든가 꽃병도
놓여 있고 말이야.
　한 아이가 태어나서 말을 하고 공부를 하기 시작하면 부모님은
아이들 방을 꾸며주잖아? 그건 옛날에도 마찬가지였어. 아이들 방

책이 많지 않았던 옛날에는 학구열을 돋우기 위해서 책꽂이 모양으로 병풍 그림을 그렸다.
〈책가도〉 장한종, 경기도박물관

에는 반드시 책이 있기 마련이야. 처음 글자를 배울 때 보는 책, 유치원에 다닐 때 보는 책, 초등학교 저학년 때 보는 책, 고학년 때 보는 책이 잘 정돈되어 있지. 그리고 초등학교를 졸업할 무렵이면 그 책들을 다 정리한 다음, 좀 더 내용이 깊은 책들이 책꽂이로 밀고 들어오겠지.

근데 불행하게도 옛날에는 요즘처럼 책을 구하기가 쉽지 않았단다. 그래서 저런 〈책가도〉 병풍을 사다가 아이의 방에다 펼쳐놓은 거야. 그걸 보면 방 안 가득 책이 많은 것처럼 느껴지지? 어른들은 그림을 통해서 아이들이 항상 공부할 수 있도록 분위기를 만들어주려고 한 거야.

요즘 조기교육은 영어가 대세인데, 옛날에는 무슨 공부가 대세였을까? 당연히 영어는 아니고 한자였단다. 한자를 모르면 과거시험에 응시할 수가 없었어. 공부하는 모든 책이 한자로 되어 있었고, 과거시험에서 답안지를 쓸 때에도 한자로 써야 했거든.

소연_ 선생님, 모든 시험을 한자로 써야 했다고요? 모든 책도 다 한자였고요?

　그렇단다. 수험생들이 공부하는 모든 책은 한자로 되어 있었고, 한글로 된 책들은 시험하고 상관없는 이야기책들로 그런 것들은 주로 여자들이 보았어. 시험에서 답안지를 작성할 때도 한글이 아니라 다 한자로 써야 하지. 그러니 한자의 기본이라고 할 수 있는 『천자문』은 당시 거의 모든 아이가 봐야 하는 책이었어. 그야말로 최고의 스테디셀러였지.

지후_ 아빠, 그럼 옛날 조기교육은 모두 『천자문』 공부였겠네?

　당근이지. 아이들은 말귀가 트이기 시작하면 "하늘 천, 땅 지, 거물 현, 누를 황⋯⋯." 하고 『천자문』을 외우기 시작했어. 요즘 아이들이 말귀가 트이기 시작하면 "에이, 비, 씨, 디⋯⋯." 하고 알파벳 노래를 하는 것이랑 똑같아. 우리 역사상 조기교육을 하여 성공한 사람 중 하나가 이율곡1536~1584이야. 이율곡은 어머니 신사임 밑에서 세 살 때 『천자문』을 뗐다고 하니까, 정말 대단하지 않니?

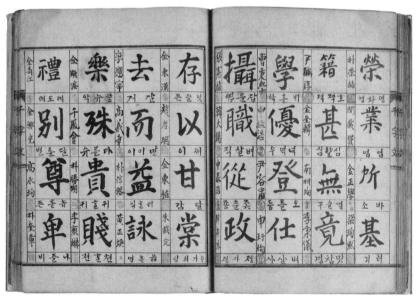

조선시대 외국어 열풍은 한자였다. 조선시대 가장 많이 팔린 책.
모든 선비들이 가장 먼저 배우는 〈천자문〉 국립민속박물관

지후_ 아, 소름 돋아! 세 살 때 『천자문』을 떼게 하다니! 아빠, 그거 미친 거 아냐? 아무리 엄마라고 해도, 그렇게 어린아이를 놀지도 못하게 하고 공부만 시키다니!

아이고, 우리 딸이 신사임당을 강하게 비판하네. 허허허, 그래 그렇게 볼 수도 있겠구나!

옛날에도
족집게 과외 선생님이 있었다니!

요즘은 집안에서 아이들 교육을 주로 엄마들이 책임지지. 그런데 옛날에는 가장 어른인 할아버지가 손자들 교육을 책임졌단다.

대표적으로 김진1500~1580이라는 사람을 들 수가 있어. 김진은 과거에 합격하여 공직에 임명되었으나 오래 머물지 않고 사직서를 낸 다음 고향으로 내려가서 자식 교육에 힘썼어. 그 결과 다섯 명의 아들이 과거에 합격했단다.

소연_ 헐! 다섯 명이나 과거에 합격시켰다고요? 그게 가능한 일인가요?

그러게 말이다. 한 명도 어려운데 다섯이라니! 그렇게 다섯 자식

다섯 명의 자식을 과거에 급제시켜서
유명해진 〈김진 초상화〉

이 과거에 합격하는 것을 '오자등과' 또는 '오자출신'이라고 했어.
다섯 아들이 과거에 급제할 경우 왕이 부모에게 쌀 20석을 선물로
주었단다. 당시 쌀 20석이라고 하면 어마어마하게 큰 돈이었지.

만약 부모님이 돌아가셨다면 특별히 벼슬을 내리기도 했어. 과거
를 준비하는 사람이라면 누구나 갖고 싶었던 별전에는 '오자등과'니
'오자출신'이니 하는 말이 적혀 있어. 그래서 새해가 되면 그런 별전
을 사다가 과거를 앞둔 자식들에게 선물로 주었던 거야.

자, 그런 식으로 옛날에는 할아버지들이 아이들 교육을 책임졌단
다. 적당히 벼슬을 하다가 관직을 놓고는 고향으로 돌아와서 아이들
교육을 담당하는 거야. 할아버지들은 젊었을 때 맹렬하게 공부하여
과거시험에 합격한 경험이 있기 때문에, 어떻게 공부하면 시험을 잘

조선시대 극성 할아버지들은 들판에서 일꾼을 감시하면서도 손자를 가르쳤다.
〈행려풍속도〉 김홍도, 국립중앙박물관

볼 수 있는지, 과거시험 출제 경향이라든가 하는 것을 모두 알았어. 독한 할아버지들은 들 한복판에서도 손주들을 공부시켰어.

김홍도의 〈행려풍속도〉를 봐봐. 논에서 일꾼들이 부지런하게 김 매기를 하고 있구나.

소연_선생님, 논 주인인 저 할아버지가 그늘막을 쳐놓고 앉아서 일꾼들을 감시하고 있네요. 보통 할아버지 같지 않아요. 그 옆에 있는 어린 손자는 잠시도 한눈을 팔지 못하겠어요. 진 짜 극성 할아버지네요. 할아버지 앞에는 회초리도 보이네요! 와, 무섭네요!

그래, 정말 엄한 할아버지 같구나. 아무튼 옛날에도 요즘처럼 학 원이 있었다면 할아버지들이 학원 일정을 다 조절하면서 간섭했을 거야. 엄마들이 아니라 할아버지들이 속닥속닥하는 모습을 상상해 보렴. 그것도 재밌지?

물론 모든 아이들이 자기 할아버지한테 공부를 배운 것은 아니 야. 할아버지가 안 계시면 아버지, 아버지가 관직에 나가서 바쁘면 어머니가 가르쳤겠지. 이율곡은 어머니가 가르쳤잖아. 그리고 요즘 처럼 전문 족집게 과외 선생님을 모셔오는 경우도 있었어.

"여보게, 박 진사. 혹시 주위에 잘 가르치는 선생님 없나? 우리 손 자 놈이 영 공부가 늘지 않아서 걱정이라네."

"그거라면 걱정 말게. 내가 장원급제만 네 명이나 시킨 사람을 알고 있다네!"

"그런 사람이 있으면 당장 소개시켜주게."

그렇게 해서 족집게 과외 선생님을 모시게 되는데, 옛날에도 요즘처럼 부르는 게 값이었어.

지후_ 아빠, 진짜 요즘이랑 똑같다! 믿어지지 않아. 옛날에도 족집게 과외 선생님이 있었다니!

그래서 내가 요즘도 과거시험을 보면서 살아가고 있다고 말하는 거야. 족집게 선생님은 과거에 수차례 응시했다가 떨어진 사람들이 하였는데, 하도 떨어지니까 합격을 포기하고 돈이나 벌자고 생각한 거야. 그들은 한양까지 정보망을 구축해놓고는 과거시험의 여러 가지 유형을 분석하면서 가르쳤어.

이게 바로 족집게 선생님들이 가장 많이 이용한 『과문』이라는 책이야. 실제 우리 조상들이 공부했던 것들이야. 『과문』이란 과거시험에 많이 출제된 문제들만 뽑아서 엮은 책이란다. 그러니까 요즘으로 말하자면 대학 입시에 잘 나오는 문제들만 뽑아서 엮어놓은 책이라고 할 수 있지. '대학 입시 10년간 총정리' 뭐 그런 형식의 책이지 않을까? 다만 옛날에는 출판사가 없었기 때문에 족집게 선생들이 개인적으로 그런 책을 만들어서 팔거나 자신이 가르치는 수험생

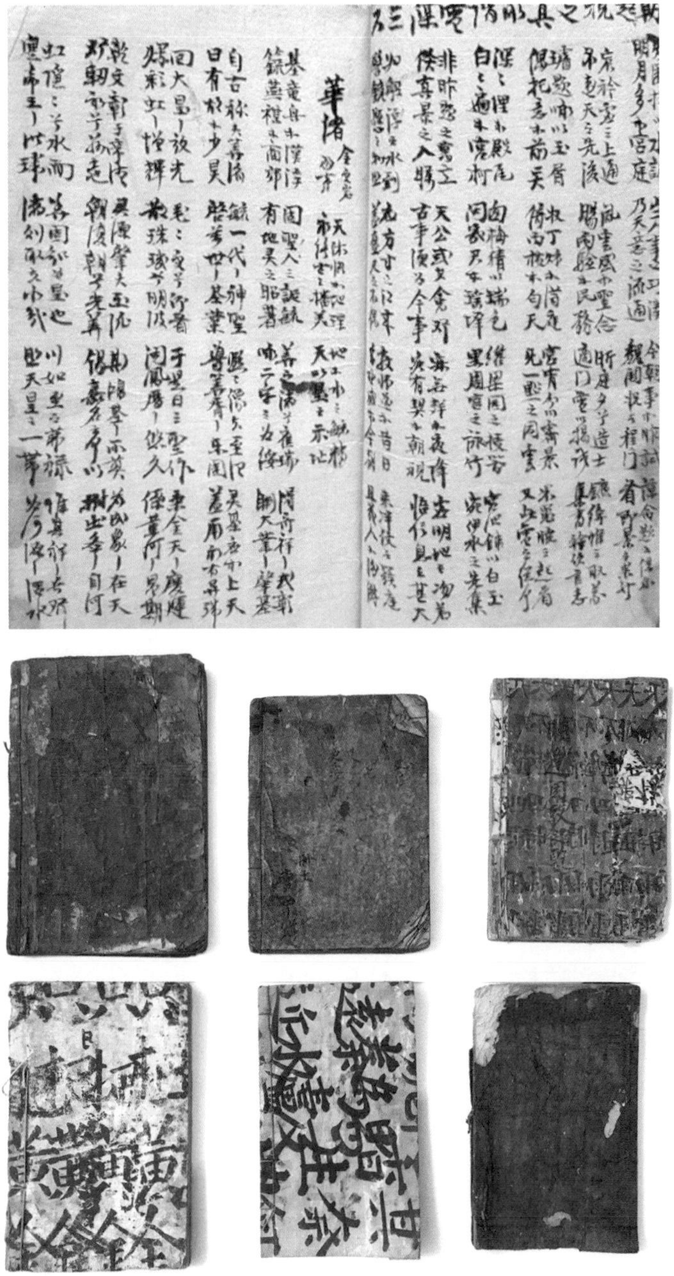

과거 시험에 잘 나오는 문제를 정리해 놓은 책들. 모두 손으로 옮겨 적었고 크기도 다양하다.
〈과문, 과거시험 문제집〉 개인 소장

들에게 주었어. 자, 만져보렴.

지후_아빠, 진짜 놀랍다! 대박! 대박! 이게 과거시험에 자주 나오
는 문제만 뽑아놓은 거라고. 글씨가 한자라서 알아볼 수는
없지만 모두 다 손으로 썼네. 그때는 지금처럼 인쇄할 수 없
었을 테니까, 모두 이렇게 손으로 써서 만들었겠지. 이건 호
주머니에 들어갈 정도로 작네. 가지고 다니면서 펼쳐볼 수
있도록 작게 만들었나 봐. 진짜 요즘이랑 똑같다! 그치, 소연
아?

소연_응, 이건 작은 병풍처럼 만들어졌어. 뭐라고요? 이건 책상에
다 펼쳐놓고 공부하는 것이었다고요? 이건 시험에 자주 나오
는 시, 이건 시험에 자주 나오는 유교 경전, 이건 시험에 자주
나오는 조선시대의 법, 이건 시험에 자주 나오는 시제. 진짜
이런 걸 본 사람이랑 안 본 사람은 차이가 많이 나겠는데요.

당연한 거야. 참고서를 보고 공부한 사람이랑 교과서만 보고 공
부한 사람이랑 차이가 나잖아? 더구나 공부할 분량은 많은데, 그 많
은 내용을 핵심만 추려놓았으니 얼마나 좋았겠니? 당연히 그런 책
은 양반들이나 구할 수가 있었지. 부르는 것이 값이라 평민들은 감
히 엄두도 낼 수가 없었어.

산속의 절로 들어간
과거시험 준비생들

길동은 절 아래 마을에 이르러 하인으로 꾸민 도적을 먼저
올려 보내 한양 홍 판서 이 도령이 글공부하러 왔다고 이르
게 하였다. 절의 주지가 그 말을 전해 듣고 반가워하였다.

"나라에서 선비들만 받들고 불교를 멀리하여 이 절에도 높
은 벼슬아치의 발길이 뚝 그쳤네. 만일 홍 판서 댁 도령이
오면 그 덕을 크게 입으리라."

그래서 수백 명의 중이 동구까지 나와 길동 일행을 맞이하
였다. 길동이 절에 들어서며 주지에게 알렸다.

"이 절이 하도 유명하고 경치가 빼어나다 하여 왔소. 몇 달
머물며 글공부를 하다가 과거시험에 맞추어 한양으로 올라
가려 하오. 그러니 절에 아무나 들이지 말고 조용한 방을 수

조선시대 절은 과거시험을 준비하는 고시촌 역할을 했다.
많은 선비들이 과거 공부했던 금강산의 〈정양사〉 정선 국립중앙박물관

리하여 놓으시오.

「홍길동전」

마침내 심생의 부모는 그에게 절간에 가서 과거 공부를 하라는 명을 내렸다. 심생은 마음속으로 몹시 불만스러웠지만, 마지못해 동무들에게 이끌려 책 보따리를 싸들고 북한산성에 있는 절로 들어갔다.

「심생전」

지후_ 아빠 이건, 옛날 소설이잖아? 이건 또 무슨 이야기를 하려고 하는 거야? 혹시 과거 공부하기 위해서 절에 들어간다는 것을 말하려고 하는 거야?

소연_ 선생님, 저희 친척 중에서도 지금 절에서 공부하는 사람이 있어요. 원래는 서울 고시촌에서 공부했는데, 계속 떨어지니까 아예 경상도 어느 절로 들어갔어요. 외무고시를 준비하고 있다고 들었어요.

그래, 바로 그런 이야기를 하려고 『홍길동전』이랑 『심생전』 일부를 읽어준 거란다. 대부분의 수험생들은 집에서 공부를 했어. 옛날에는 도서관도 없었으니까. 근데 집에서 공부가 잘 되지 않는 사람들은 아예 절로 들어간 거야.

조선시대에는 불교를 인정하지 않았기 때문에 중들의 힘이 약했어. 그래서 중들도 자기네 절에 머리가 좋은 수험생들을 많이 유치하려고 했지. 자기네 절에서 공부한 학생들이 과거에 합격하면, 그만큼 자기네 절이 유명해지고 힘이 생길 거 아냐? 그래서 한양에 권세 있는 양반집 수험생들을 적극적으로 받아들인 거야. 절은 산속에 있어서 주위에서 유혹하는 것들도 없고, 하도 조용해서 공부하기에 딱 좋았어. 실제로 조선시대 수많은 사람이 절에 들어가서 공부를 했어. 이율곡도 절에서 공부했던 사람 중 하나야.

그런 풍습이 이어져서 지금도 소연이 친척처럼 고시생들이 절에 들어가서 공부를 하는 거야. 실제로 절에 들어가서 고시공부를 하는 사람들이 아주 많다는 거 잘 알지? 전국에 있는 절을 다 뒤지면 수백 또는 수천 명의 수험생들이 나올 거야. 사법고시부터 행정고시, 외무고시, 회계사 시험, 각종 공무원 시험 준비생들까지. 특히 어려운 시험을 준비하는 사람들일수록 절에서 공부하는 사람들이 많아. 그만큼 집중해서 오랫동안 공부를 해야 하기 때문이야. 우리나라 사법고시 합격자들 중에서 상당히 많은 사람이 절에 들어가서 공부했단다. 그러니까 과거시험은 지금도 이어지고 있는 것이지.

평민에게는
그림의 떡이었던 과거시험

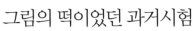

원칙적으로 과거시험은 광대나 노비 같은 천민만 빼고는 모두 다 응시할 수 있었다고는 하지만 실질적으로 평민은 응시하는 것 자체가 쉽지 않았어. 겉으로 보기에는 아주 공평한 것 같지만 실제로는 그렇지 않았다는 뜻이야.

양반들 입장에서야 "너희들도 열심히 공부해서 시험에 합격하면 될 것 아니냐!" 하고 말할 수 있지만, 시험과목이 너무 많았을 뿐만 아니라 그 분량도 어마어마했지. 게다가 그런 책들은 다 한자로 되어 있기 때문에 한자의 기초가 없으면 공부할 수가 없는 거야. 평민들은 낮에는 일하고 밤에만 공부해야 했기 때문에 그 많은 책을 볼 시간이 없었어.

소연_선생님, 평민들 입장에서는 과거시험이 그림의 떡이었네요. 그래도 지금이 옛날보다 나은 것 같아요. 지금은 모든 시험을 영어로 보는 건 아니잖아요?

지후_소연아, 그치만 지금도 부자들은 고액 과외를 하거나 족집게 선생님이 많은 학원 정예반에 들어가서 공부하잖아? 그런 건 옛날이나 마찬가지 같은데……. 그러니 금수저니 흙수저니 하는 말이 나오는 거 아닐까?

사실 과거시험 제도 자체가 양반을 위한 것이었기 때문에 시험문제 난이도가 아주 높았어. 문제가 쉬워지면 양반이 아닌 평민이 합격할 수도 있을 거 아냐? 그래서 시험문제를 어렵게, 더 어렵게 출제할 수밖에 없었다는 뜻이야.

우리나라 사법시험도 이와 비슷했단다. 겉으로는 학력 제한이 없었으니까 아주 공평한 시험 같았지만 실제로는 하도 문제가 어려워서 고졸자들이 합격하기란 거의 불가능했다는 뜻이야. 일부러 어렵게, 더 어렵게 출제한 것이 사법시험이었어. 그래도 가끔씩 고졸 출신자들이 사법고시에 합격을 했으니까, 그분들이야말로 정말 대단한 사람들이지.

소연_노무현 대통령이 그랬잖아? 지후야, 알지?

지후_엉, 근데 그런 노무현 대통령을 더 존경해야 하는 거 아냐?

고졸자가 사법고시에 합격했으니까, 더 칭찬해줘야지. 근데 일베 같은 애들은 그런 노무현 대통령을 비하하고 그러더라. 고졸자가 사법고시에 합격한 것도 사법고시 격이 떨어진 것이라고 비하하고 그러던데, 이해가 되지 않아.

고졸 출신들이 사법고시에 합격한 것을 칭찬할 줄 모르는 사람들은 참 옹졸한 사람들이야. 참으로 안타까운 일이지.

옛날에 평민들은 요즘처럼 학교도 없었기 때문에 공부라는 것 자체를 할 수가 없었어. 유일하게 평민들이 공부할 수 있는 곳은 서당인데, 그곳은 어린아이부터 장가를 간 어른들까지 온갖 잡다한 사람들이 다 모이는 곳이야. 그곳에서는 아주 기초적인 공부만 가르쳤을 뿐 시험에 나오는 과목은 가르칠 수가 없었어. 그것마저도 바쁜 농사철에는 서당이 방학을 하기 때문에 공부할 시간이 거의 없었지.

김준근의 〈글 가르치는 모양〉이라는 그림은 서당에서 아이들을 가르치는 장면을 그렸는데, 아이한테 어제 배운 것을 외워보라고 하고 있는 거야. 옛날 공부는 유교에 대한 철학적인 지식을 공부하는 것이 가장 많았어. 그래서 유교 경전을 줄줄줄 외워야 했어. 서당에서 훈장님이 아이를 불러서 물어보듯이, 실제 과거시험에서도 그런 식으로 시험을 보았단다.

본격적으로 공부를 하기 위해서는 향교에 가야 하는데, 그곳은 국립이라 평민이 쉽게 갈 수가 없었어. 그 지역에 있는 양반집 자제

『천자문』을 비롯하여 도덕 교육 『소학』 같은 가장 기초적인 교육을 가르쳤던
〈서당〉 김홍도, 국립중앙박물관

가 1순위였고, 그러고 나서야 평민이 들어갈 수 있었으니까.

지후_ 아빠, 국립이라면 국민 세금으로 운영된다는 거 아냐? 근데,
　　　평민을 차별하고 양반 위주로 학생을 받았다니, 은근히 화가
　　　나네요!

소연_ 맞아, 더구나 양반들은 세금을 내지 않았던 것으로 아는데.
　　　그쵸, 선생님? 양반들은 군대도 안 가고, 각종 세금도 안 내
　　　고, 각종 부역도 하지 않았잖아요?

서당에서는 유교 경전을 외우거나 훈장이 학생들에게 묻고 대답하는 형식으로 가르쳤다.
〈글 가르치는 모양〉 김준근, 국립민속박물관

그렇단다. 그러니 누구나 양반이 되고 싶어 했지. 근데 아무도 공부를 가르쳐주지 않으니, 공부할 방법이 없었어. 국립인 향교는 비교적 전국에 골고루 세워졌는데, 그 이유는 조선의 지배 사상인 유교 사상을 청소년들에게 가르치기 위해서야. 그러나 실제로 향교는 과거시험에 대비해서 공부하는 학원이나 다름없었지. 과거 합격자들을 많이 배출시켜야만 향교에서 가르치는 선생님들도 인정받고 더 높은 공직으로 이동할 수 있었거든. 향교에서는 너희들처럼 월말고사도 보고, 기말고사도 보고, 과거시험 모의고사 등 수시로 시

험을 보았어. 과거시험을 보기 위해서는 당연히 그런 곳에 들어가
야 하지만 그게 쉽지 않은 일이니, 평민들이 과거에 합격한다는 것
은 그야말로 하늘의 별 따기였다고나 할까.

> 양반이란 놈들은 아무리 가난해도 늘 귀하게 대접받고 떵
> 떵거리며 사는데, 우리는 아무리 돈이 많아도 늘 천한 대접
> 만 받는단 말이야. 말 한 번 거들먹거리며 타보지 못하고,
> 양반만 보면 저절로 기가 죽어 굽실거리며 엎드려 큰절을
> 해야 하고, 늘 코를 땅바닥에 대고 엉금엉금 기어야 하니 참
> 더러운 일이다.
>
> 「양반전」

　그래서 양반에 대한 불만이 많을 수밖에 없었지만 그럴수록 과거
시험을 무시할 수가 없었어. 그 방법이 아니면 양반이 될 수 있는 방
법이 없었기 때문이야. 오직 과거시험을 통해서만 가능했어.

지후_ 근데 그런 과거시험은 엄청 어려웠고, 평민들은 공부할 곳도
　　　없었고, 참 미칠 노릇이었네. 아빠, 난 조선시대에 태어났다
　　　면…… 어디로 도망쳐버렸을 것 같아. 더구나 여자는 과거시
　　　험도 보지 못했잖아!
소연_ 나도 조선시대에 태어났다면…… 아, 끔찍해. 선생님, 진짜

끔찍해요! 남편이 과거에 급제하는 것만 기다리며 사는 것도 그렇고요, 과거에 응시조차 할 수 없는 신분의 남편이랑 사는 것도 그렇고요. 그러고 보니 옛날 여자들이 대단했다는 생각도 들어요. 그분들은 그런 시대를 살아갔잖아요? 그게 대단한 거잖아요?

지후_ 와, 소연이 오늘따라 달라 보인다! 그치 아빠?

양반 자격시험이
시작되다

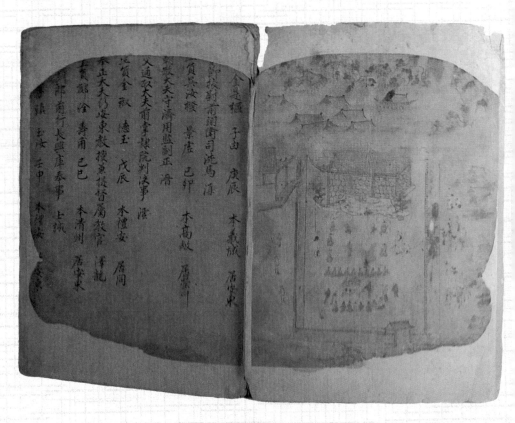

사마시, 즉 소과에서 합격한 사람들이 모여 계모임을 하고 있는 장면.
모든 과거시험 합격자들은 그렇게 동기들끼리 정기적으로 모여서 살아가는 정보를 주고받았다.
〈회유록〉 온양 민속박물관

조선시대 공무원
시험은 어떤 것들이 있었을까?

자, 이제부터 본격적으로 과거시험에 대한 이야기를 시작해볼까.
조선시대 공무원 시험이었던 과거는 문과와 무과로 나누어져 있었
단다.

지후_ 아까 아빠가 보여준 홍패에 적혀 있는 문과라는 말이 이것을
　　　말하는구나! '문과병과제2인급제출신자' 할 때 그 문과라는
　　　말이…….
소연_ 헤헤, 꼭 수수께끼 풀어가는 것 같아요. 이제 문과라는 말은
　　　풀렸네요.

그래, 맞아. 홍패에 적혀 있는 문과란 문과 시험을 의미하는 거야. 문과란 글자 그대로 글공부를 해서 평가를 받는 시험이고, 무과란 무술을 연마하여 보는 시험이야. 그러니까 내가 보여준 홍패를 받은 할아버지는 문과에 응시했다는 것을 알겠지?

자, 문과 시험은 두 단계로 나누어져 있었단다.

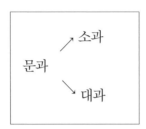

소과란 작은 시험, 즉 낮은 단계의 시험이라는 뜻이야. 소과에 합격하면 조선시대 가장 말단 공무원인 정9품 벼슬을 받게 돼. 하지만 벼슬이 중요한 게 아니야. 그 상위 시험인 대과를 보기 위해서는 반드시 소과를 통과해야만 해. 소과를 합격하지 못하면 대과 시험을 볼 수 없었으니까.

소과에는 두 가지 시험과목이 있었단다. 유교의 사서오경을 외우고 그 철학적인 내용을 해석하는 시험을 생원시라고 했고, 백일장처럼 시제를 받아서 글을 쓴 다음 평가를 받는 진사시라는 것이 있었어.

소연_어! 선생님, 그러면 진사시에 합격한 사람들은 작가라고 할 수 있겠네요?

지후_ 아빠, 그게 사실이야? 옛날에는 글만 잘 써도 공무원이 될
　　　 수 있었던 거야?

　사실이란다. 옛날에는 글만 잘 써도 존경을 받으면서 편안하게
살아갈 수가 있었으니, 요즘 작가들하고는 완전히 달라. 그야말로
글쟁이들이 가장 살기 좋은 나라였지. 글쟁이들을 그렇게 대우해준
나라도 많지 않았을 거야.

지후_ 아빠도 조선시대에 태어났다면 높은 벼슬을 했겠네?

　그럴 수도 있지. 고위 공무원이 되어 정치를 했을지도 몰라. 조선
시대에는 글을 잘 쓰는 사람들이 정치도 했거든.
　생원시는 글 쓰는 능력보다는 암송하고 이해력을 더 중시하는 시
험이지. 그래서 어려운 유교 경전을 시험문제로 내놓고 그것을 해
석하라고 하기도 하고, 아예 특정 내용을 원문 그대로 쓰고 해석하
라는 문제도 나와.
　자, 너희들이라면 어느 쪽을 택하겠니?

지후_ 아빠, 난 뻔하잖아? 아빠 딸이지만 글쓰기 싫어하니까, 난
　　　 생원시! 소연이는 글을 잘 쓰니까, 진사시!

소연_ 지후야, 근데 난 외우는 것도 좋아하는데. 그래서 역사 과목을 좋아하잖아.

지후_ 아빠, 근데 생원시와 진사시를 다 봐야 하는 거야? 아님 어느 한쪽만 보는 거야?

둘 중 하나만 골라서 보면 되는데, 소연이처럼 둘 다 자신 있으면 둘 다 시험을 보는 경우도 있었어. 그건 수험생 맘이야. 황희 1363~1452나 이율곡 같은 이들은 둘 다 응시하여 합격을 했어. 다른 사람들 입장에서 보면 환장할 노릇이지.

"우리는 생원시나 진사시 하나도 합격하기 힘든데, 저 사람들은 얼마나 공부를 잘했으면 둘 다 식은 죽 먹기로 통과할까?

"그러게 말이야. 부럽구면. 둘 중 하나만 갖고, 나머지 하나는 우리한테 주면 좋을 텐데……."

하지만 당사자들은 다 이유가 있단다. 둘 다 합격하게 되면 그만큼 자신의 스펙이 쌓이기 때문이야. 자격증이 하나 더 있는 것이나 마찬가지겠지. 옛날에도 스펙이 그만큼 중요했다는 뜻이야.

근데 말이야, 선비들은 소과라는 말보다 사마시司馬試라는 말을 많이 썼어. 사마시란 말은 벼슬을 했다는 의미인데, 즉 벼슬을 얻는 시험이라는 뜻이지.

소연_ 선생님, 왜 소과보다 사마시라는 말을 많이 쓴 거예요?

옛날 선비들은 체면을 아주 중시했거든. 근데 소과라고 하면 왠지 동네에서 보는 것처럼 아주 하찮고 작은 시험처럼 들리잖아? 그래서 사마시라는 말을 더 좋아한 거야.

지후_ 아빠, 내가 듣기에도 소과보다는 사마시라는 말이 더 그럴싸하게 들려. 진짜 소과는 별 볼 일 없는 시험 같은 느낌이 드는데, 사마시라고 하면 뭔가 거창한 느낌이 들어.

선비들이 소과라는 말을 쓰지 않고 사마시라고 부르자, 그 상위 시험인 대과라는 말도 자연스럽게 잘 쓰지 않았어. 대과란 소과에 비해서 아주 높은 시험이라는 뜻인데, 소과라는 말을 쓰지 않으니 소용이 없잖아? 그래서 대과를 주로 문과라고 부르게 된 거야. 대과라는 말보다는 문과라는 말이 훨씬 더 상징하고 있는 뜻이 넓고 깊다고 생각한 것이지. 한마디로 문과란 나라에서 실시하는 공무원 시험 중에서 최고라는 뜻이야.

소연_ 오, 그렇게 생각할 수도 있겠네요. 문과라? 제가 생각해도 대과보다는 문과가 더 낫네요!

그러니까 조선시대 인물을 검색하다 보면 문과에 급제했다고 나오지만 대과에 급제했다고는 하지 않아. 하지만 너희들은 내 말을

가장 낮은 양반이라서 풍자의 대상이 된
〈표생원 인형〉 국립민속박물관

들었으니까 문과란 대과를 의미하는 것이라고 이해하면 돼. 알겠
지?

지후_ 아빠, 그럼 과거시험은 사마시와 문과, 그렇게 두 분야의 시
    험이 있었다고 생각하면 되겠네? 사마시를 합격해야 문과에
    응시할 수 있는 거지?

   우리 지후가 그새 똑똑해진 것 같네.

지후_ 아빠!!!

시험 날짜를 알리는 방이 붙으면
시험 시즌이 시작된다

이때 과거시험을 본다는 방이 온 나라에 나붙었다. 시백도 밤낮을 가리지 않고 더욱 과거시험 준비에 몰두했다.

『박씨전』

애들아, 내가 『박씨전』 한 대목을 읽어주는 것은 방이 붙은 그날부터 진짜 과거시험이 시작된다는 사실을 말하기 위해서야. 옛날에는 인터넷이 없었기 때문에 그렇게 종이에다 글자로 써서 전국 곳곳에다 붙여서 시험 날짜를 알렸어. 과거시험은 국가적으로 가장 큰 행사 중 하나였고, 온 국민들이 기다리는 행사 중 하나였기 때문에, 그런 식으로 꼭 방을 붙여서 전 국민에게 알린 거야. 방을 붙이지 않고 치른 과거시험은 있을 수가 없는 것이지. 과거시험은 3년에 한 번씩 정기적으로 열리기 때문에 대충 그걸 계산하면 언제 방이 붙을지 알 수 있겠지?

그렇다면 옛날 수험생들은 어떻게 공부를 했을까? 한 번 상상해 보렴. 요즘은 고시원이나 도서관에 가면 모두 조용하게 공부를 하지. 공부를 한다는 것은 아무 소리도 내지 않고 눈을 말똥말똥 뜬 채로 집중해서 보고 있다는 뜻이야. 또는 펜으로 반복적으로 메모를 하면서 보거나 책에다 밑줄을 그으면서 보지. 그런데 옛날 사람들은 아무런 소리도 내지 않고 눈으로만 책을 보고 있으면 "이놈아, 큰 소리로 낭랑하게 읽으면서 공부를 해야 글이 머릿속에 들어가지, 그렇게 눈으로만 보면 글이 머릿속으로 들어가겠느냐! 더 크게 읽어라!"

어른들은 그렇게 말했지. 그러니까 요즘하고 공부하는 방식이 전혀 달랐던 거야.

남산 아래 묵적골이라는 마을에 허생이라는 선비가 살았는데, 허생은 책을 무척 좋아해서 글 읽는 소리가 밤낮없이 그 집 싸리 울타리 밖까지 들렸다. 그런 허생을 두고 마을 사람들은 혀를 차며 말했다.

'저 양반은 공부하는 것을 저렇게 좋아하면서 왜 과거 볼 생각을 안 하지?

「허생전」

이 이야기에 나오는 허생은 조선시대 선비들의 공부하는 모습을 잘 보여주고 있어. 늘 소리내어 책을 읽기 때문에 그 집을 지나가는 사람들이 알아듣잖아? 글 읽는 소리가 밤새도록 들리면 그만큼 열심히 공부한다는 뜻이니까.

이렇게 공부하는 방식도 시대에 따라서 다 다른 법이야. 옛날 공부란 이해하고 암기하는 것이 많았기 때문에, 그렇게 큰 소리를 내면서 하는 것이 덜 지치고 효과적이었대.

그러니까 과거시험이 다가올수록 수험생이 있는 집집마다 글 읽는 소리가 더 커지는 것은 당연하겠지. 집안 어른들은 수험생이 있는 방 주위를 어슬렁거리면서 글 읽는 소리를 듣고는 "음, 우리 아들이 올해는 좋은 성과를 맺겠구면!" 하고 안심한다거나 "저놈이 아직도 정신을 못 차리고 졸고 있구면!" 하고 걱정을 하기도 했어.

그날 이후로 우치는 중요한 데는 붉은 점을 찍어가며 비밀스럽게 하늘에서 전해오는 책을 열심히 읽었다. 본래 영리한 데다가 배우고자 하는 정성 또한 남달라서 금세 오묘한 이치를 터득하고 신기한 재주를 익혀 나갔다.

「전우치전」

『전우치전』을 보면 공부를 할 때 중요한 부분에다 붉은 점을 찍었다고 하잖아? 우리 집에도 그렇게 공부한 흔적을 확인할 수 있는

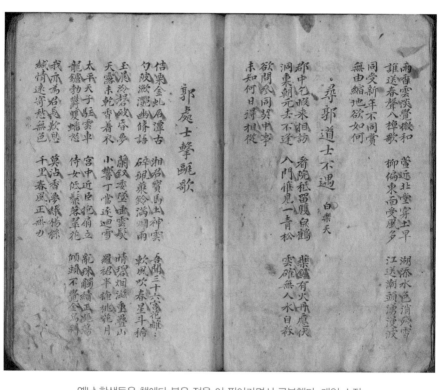

雨霽雲疎覺微和
誰送春聲入棹歌
萱近北堂穿土早
柳偏東面受風多
湖添水色消殘雪
江送潮頭漲漫波
同受新年不同賞
無由縮地欲如何

．尋郭道士不遇　白樂天

郡中乞暇來相訪
看院祗留雙白鶴
洞裏朝元去不逢
入門惟見一青松
藥鑪有火丹應伏
雲碓無人水自舂
欲問眞同契中事
未知何日得相從

郭處士擊甌歌

兀兀金虯石潭古
勺陂瀲灩幽脩語
湘妃寶馬出神雲
碎硯乘鈴滿閒雨
王渚於搭峡唇夢
蘭致委墜靈雲霓
晴碧煙滋重疊山
天靈末乾香著衣
小警丁當透迴雪
羅裙半徹桃花月
太平天子旺雲中
宮中近臣把扇立
侍女低鬟落翠花
龍鑪勃鬱雙蟠愁
我亦為君欷歔思
千里春風正無力
莫沾香夢帳悌悌
頽頭不覺金烏斜

옛날 학생들은 책에다 붉은 점을 이 찍어가면서 공부했다. 개인 소장 책이 많아. 자, 한 번 볼까?

소연_아, 정말 글자 하나하나 점을 찍어가면서 공부했네요?
지후_그럼 까만색 먹 말고 붉은색이 나오는 먹도 있었다는 뜻인
　　가? 아빠 그래?

　옛날에는 까만색과 붉은색 글씨를 가장 많이 썼단다. 그 두 가지
색이 글씨에는 대표적으로 많이 쓰였어.
　옛날에 치러진 모든 시험은 예심과 본심이 있었어. 너무 많은 사
람이 응시를 하기 때문에 예심을 통해 걸러내야만 했어. 요즘 인기
가 있는 〈슈퍼스타 K〉나 〈K팝스타〉 같은 오디션 프로하고 똑같았
어. 예선전인 초시는 전국 방방곡곡에서 열렸고, 그 예심을 통과한
사람이 본선인 복시를 볼 수 있었단다.

지후_헐! 아빠, 그럼 오디션 프로그램도 옛날 과거시험에서 왔다
　　고 볼 수도 있겠네?

　그렇다고 볼 수 있지. 다만 요즘 인기 있는 오디션 프로의 예심은
각자 다른 날 치러지잖아. 근데 과거시험의 예심인 초시는 어느 한
날 전국적으로 거의 동시에 치러졌다는 점이 달라.

못된 전통이 된
신원 조회

사마시 예심인 초시의 일정을 알리는 방은 가을에 붙었어. 그러니까 가을이 되면 과거 시즌이 개막하는 셈이지. 정부에서는 최대한 방을 많이 붙여서 전국적으로 널리 알렸어. 그래야 산골이나 절간에 숨어서 공부하는 수험생들도 알 거 아냐? 최대한 숨은 인재를 끌어내는 것이 목적이었으니까.

시험 날짜가 다가오면 관할 관청에 가서 수험생 등록을 해야 해. 옛날에는 요즘처럼 전산화가 되어 있지 않았기 때문에 등록 절차가 복잡하고 까다로웠지. 신분증 역할을 하는 것들이 있기는 했어도 요즘처럼 사진을 찍어서 부착할 수가 없었어. 그래서 수험생이 가짜가 아닌지 구별해야 하기 때문에 나름대로 까다롭게 한 거야.

현직 관리의 아들이나 명문가의 아이들은 그 절차가 까다롭지 않

았지만 별 볼 일 없는 사람들은 그 시작부터 복잡했단다. 그중 하나
가 신원 검증을 받아야 하는데, 그러기 위해서는 '사조단자四祖單子'
라는 것을 제출해야 했어.

소연_ 사조단자라고요? 선생님, 그게 뭔가요?

요즘으로 말하면 가족관계증명서라고 할 수 있지만 가족의 범위
가 아주 넓어서 친가와 외가 4대조까지 신원을 확인할 수 있는 문
서라고 생각하면 된단다. 당연히 이름이 있고, 생년월일, 관직 등이
자세히 적혀 있어. 그것을 보고 조상들 중에서 죄인이나 반역자는
없는지를 확인하는 거야. 조상들 중에서 중대한 죄를 지은 죄인이
있는 경우에는 시험을 볼 수가 없었어. 당연히 천민들도 볼 수가 없
었지. 사조단자는 조상들 중에서 문제가 있는지 없는지를 알아보는
것이었어.

소연_ 와, 무섭네요. 조선시대에도 신원 조회를 했다는 뜻이네요?
지후_ 아빠, 요즘도 그런 것 하는 거 아냐? 우리 학교 선배가 그러
　　　는데, 자기 오빠가 회사에 취직할 때 주민등록등본이나 가족
　　　관계증명선가 하여튼 그런 것 제출했대. 근데 떨어졌대. 선
　　　배 아빠가 학생운동을 해서 감옥에 갔다온 적이 있나 봐.
소연_ 지후야, 진짜? 그렇다고 회사에서 떨어트려? 그게 말이 돼

요, 선생님?

말도 안 되는 소리지. 그거야말로 인권 침해이고 여러 가지로 문제가 된단다. 하지만 지후의 말은 사실일 거야. 우리나라는 아직도 중요한 시험에서는 신원 조회를 하거든. 당연히 대기업 취직 시험에서는 신원 조회를 하겠지. 말로는 안 한다고 하지만 요즘은 모든 정보가 전산화가 되어 있어서 마음만 먹으면 쉽거든. 그래서 일부 기업에서는 특정 지역 출신이면 뽑지 않거나 또 정치범으로 형을 살았던 경력이 있으면 뽑지 않을 거야.

내가 학생 때만 해도 이런 일은 거의 공식적으로 일어났어. 고위 공무원을 뽑는 시험이나 각종 사관학교 시험에서는 일단 성적으로 1.5배수 정도를 뽑은 다음, 면접이나 신원 조회를 통해서 나머지 사람들을 걸러냈거든.

대학 입시도 그와 비슷했는데, 나 같은 경우는 원래 교육대학에 가려고 했단다. 근데 학교 생활기록부를 요구하더구나. 내가 고2 때 징계를 먹은 게 있거든. 결국 그것 때문에 떨어졌어. 결국 모범생들만 뽑아서 교육 공무원을 배출하겠다는 의도인데, 범생이 출신 선생님들이라 모범생 외에는 잘 몰라. 그래서 요즘 교육이 문제라는 거 아냐? 선생님들이 다 범생 출신이라서 말이야.

소연_ 히히히, 선생님도 범생이는 아니었군요?

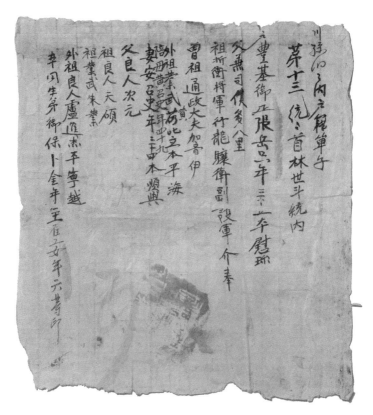

친가와 외가 4대조 조상까지 신원 파악이 가능한 〈사조단자〉 국립민속박물관

지후_아빠, 그럼 지금 우리나라에서 시험 볼 때나 취업 할 때 신원
조회를 하는 것도 다 과거시험의 연장이라고 할 수 있겠네?

그렇지. 못된 전통이 지금까지 사라지지 않고 우리 사회에 뿌리
박혀 있는 거야.

답안지도
수험생이 직접 준비한다

수험생은 관할 관청에 가서 등록을 할 때 시험장에서 쓸 답안지도
준비한단다.

소연_ 어, 선생님! 이해가 잘 안 돼요. 그러니까 답안지란 시험장에
서 답을 쓰는 종이를 말하는 거지요? 그건 시험 볼 때 자연

옛날 시험은 모두 주관식이었는데 아래와 같이 앞뒷면을 빽빽하게 채워야 했다.
이것은 이회원이 문과 병과에 급제할 때 써서 제출한 답안지다.
가로 245 세로 35센티미터. 〈과거시험 답안지〉 개인 소장

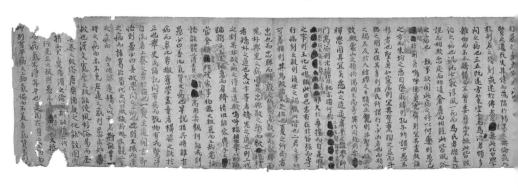

스럽게 나오는 거 아닌가요?

　당연히 나와야 정상이지만 옛날에는 종이가 그렇게 많지 않았단
다. 옛날 종이는 닥나무로 만든 한지였는데, 절에서 만든 종이가 가
장 좋았어. 조선시대 스님들은 절에서 종이 만드는 중노동을 했단
다. 그렇게 종이라도 만들어서 국가에 바쳐야만 절이 폐쇄되지 않
고 운영될 수 있었거든. 그래서 스님들이 종이 만드는 중노동을 하
기 싫어서 도망을 치기도 했지. 물론 종이 만드는 일을 업으로 삼는
사람들도 있었지만 그 수효가 워낙 많아서 항상 부족했거든. 게다
가 수험생들이 보통 몇 만 명을 넘어섰으니 그 많은 종이를 국가가
감당할 수 없었단다. 또한 시험이 모두 주관식이라 답을 쓰는 종이
가 아주 길어야 했어.

　요즘은 '답안지'라고 하지만 옛날에는 '과지', '시권', '시지'라고
불렀어.

　얘들아, 이게 옛날 우리 조상들이 과거를 볼 때 작성한 답안지란다.

지후_아빠, 나도 다시 보니까 새롭다! 소름 끼치네. 어떻게 이걸
　　썼을까?

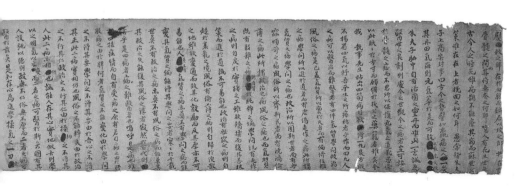

나도 이 답안지를 볼 때마다 늘 감탄하고 놀란단다. 이것은 적어도 300년이 넘은 종이인데 색도 바라지 않았잖아? 가로 245센티미터이고 세로 35센티미터나 돼. 앞면뿐만 아니라 뒷면에도 저런 식으로 빽빽하게 적혀 있어. 수정된 부분은 어김없이 감독관의 도장이 찍혀 있어.

소연_ 지후야, 여기 종이를 이어 붙인 흔적이 있어! 옛날에는 긴 종이가 없어서 몇 장의 종이를 사다가 이어 붙인 거겠지?

지후_ 소연아, 난 한문이 아니라 한글로 쓰라고 해도 이렇게 긴 글은 못 쓸 것 같아. 근데 한자로 써야 했으니, 이거 쓰고 나면 팔이 빠져버리겠다!

그래서 옛날 선비들도 글 쓰는 오른쪽 팔이 많이 아팠단다. 그것도 일종의 직업병이라고 할 수 있겠지. 요즘 컴퓨터를 많이 쓰는 사람들이 팔목이 아프고 어깨가 아픈 것처럼. 붓으로 쓰는 글씨라고 정신을 집중하고 손끝에다 힘을 모아야 하기 때문에 어깨가 더 아팠대.

답안지는 어머니나 아내가 준비해주었지. 종이를 구해서 정성껏 풀칠하여 이어 붙인 다음 정안수를 놓고 합격을 기원했어.

"천지 신령님이여, 제발 이번에는 우리 남편이 꼭 합격하게 해주십시오!"

上合天心下孚人心者為之本　賦

殷可覯而術祖　元一人而貞以止則合而下孚　推性命之稟賦　原周王之孝本

舜底豫而受命恒二者而應之　趙陳氏之格語　刪孝德之永思　與天人而合孚

自寧考而善繼　郛雖舊而命新　丌下武余推本　式九圍而永言　昔三后之純粹

迨文祖而通延　乎八百而肇基　求世德而永孝配　西京而作迷　繼己往而間來

源百行兮可見　邪四時而克享　上合天而下人　降蔗祿於千歲　孝以此而為本

軒萬區而歸之　求以德而作配　居北辰而衆拱　勹替引於永世　德垂後而追遠

義大人而合其格于上而達下　來四方而獻賀　昭茲來許承祖　謨玉顯而克家

巹遙朕而上下暢燮雍於中土　異乎人之為孝　謨貽熱於篇京　民會極而歸心

孝一字而元成　無聲臭於上載　大矣至我為義　聲遍駿而豐恒　受天祐而萬千

庶来子而思服　國人心之同然　定基命於百世　合孚理而孚心　拾璇題而拜手

命其申而用休　乾不為之仰慕　編為德於摩黎　謂之本也固宜　仰聖旨之收幸

답안지에다 쓰는 글씨체는 모두가 알아볼 수 있는 정서, 즉 해서체로만 써야 했다.
초서로 쓰면 탈락이다. 임장호가 쓴 과거시험 답안지. 〈시권〉 국립민속박물관

"우리 아들은 몸도 약해서 다른 일을 할 수가 없으니, 꼭 과거에 합격하게 해주십시오!"

그런 다음 〈임장호 시권〉처럼 글을 쓰기 편하게 일정한 간격으로 접어야 해. 칸이 그어져 있지 않기 때문에 각자 글 쓰는 버릇에 따라서 접어주는 것이 더 편하겠지. 그렇게 잘 접힌 덕분에 자를 대고 쓴 것처럼 똑바로 글을 쓸 수 있었어.

수험생은 그렇게 준비한 답안지를 등록할 때 같이 제출해야 해. 그러면 담당 공무원이 그 종이를 꼼꼼하게 확인한 다음 관의 도장을 찍어주고 돌려주지.

소연_ 선생님, 꼼꼼하게 확인한다는데…… 뭘 확인해요?

그 종이에 다른 낙서가 되어 있나, 부정행위를 할 가능성이 있는지 보는 거지. 만약 다른 종이를 가지고 시험을 보면 부정행위로 간주되는 거야.

소연_ 그래야, 부정행위를 막을 수 있었겠네요.

먼저 가서
자리 잡는 사람이 유리하다

자, 이번에는 유명한 김홍도의 〈단원풍속도첩〉에 있는 한 폭의 그림
을 보여줄게.

지후_ 아빠, 이건 선비들이 모여서 그림에 대한 이야기를 하고 있
    는 것 같은데?

 역시 우리 딸이 그림에는 관심이 많구나! 내가 이 그림을 보여준
이유는, 바로 그림에 나오는 선비들의 옷차림이 과거시험장에 들어
가는 복장이기 때문이야. 과거시험을 볼 때는 아무렇게나 옷을 입
고 가면 시험장에 들어갈 수 없었어. 저렇게 유건이라는 모자에다
두루마기를 걸쳐야 했어. 저것이 조선시대 학생 복장이란다. 교복이

라고 할 수는 없지만 공부하는 사람들은 다 저런 복장을 했어.

소연_그럼, 돈이 없어서 저런 옷을 살 수 없으면 어떡해?

　빌려서라도 입어야지. 실제로 저런 옷을 빌리지 못해서 과거를
포기하는 사람도 있었단다. 수험생은 정해진 옷을 입고 아침 일찍
집을 나섰어. 요즘도 대학 입시가 열리는 날이 되면 시험장 근처가
북새통을 이루잖아. 한꺼번에 많은 수험생이 몰려들기 때문에 교통
체증이 생기고, 지각한 수험생들이 택시에서 내린 다음 허겁지겁
뛰어가는 모습을 볼 수 있잖아. 어쨌든 시험을 시작하기 전에 시험
장에 들어가기만 하면 큰 문제가 없어.
　옛날에도 시험 시간이 있었고, 당연히 그 전에 도착해야만 해. 그
때는 차가 없었으니까 양반들은 말이나 당나귀를 타고 왔을 것이
고, 그런 게 없는 사람들은 걸어서 왔겠지. 시험장에서 멀리 떨어져
사는 사람들은 그 전날 와서 근처에 숙소를 얻어 자거나 아니면 밤
새도록 걸어서 도착했어.
　그런데 옛날에는 요즘보다 훨씬 더 일찍 시험장에 수험생들이 도
착했단다. 보통 날이 새기도 전에 시험장으로 수험생들이 모여들었
어.

　과거 보는 날이 되었다. 박문수가 날이 새기도 전에 일어나

요즘 교복과 비슷한 선비들의 복장. 공부하는 학생을 유학이라고 불렀다.
〈단원풍속도첩 중 그림 감상〉 김홍도, 국립중앙박물관

서 과거장에 도착해보니 팔도의 선비들이 구름처럼 몰려들어 이미 앉을 자리도 없었다.

「박문수전」

소연_ 선생님, 『박문수전』을 보니 전국에서 수험생들이 구름처럼 몰려들었다는 것을 알겠어요. 근데 왜 날이 새기도 전에 모여드는 거예요? 시험 시간 전까지만 가면 되지 않나요? 뭐 다른 이유가 있어요?

당연히 이유가 있단다. 자, 또 다른 옛이야기 『바보 신랑 성공기』의 한 대목을 읽어줄게.

드디어 시험 문제가 내어 걸렸다. 서로 다투어 붓을 들고 나가 문제를 베껴오는데, 안국은 그냥 빈손으로 나가 잠깐 보고 모두 외워 자리로 돌아왔다.

「바보 신랑 성공기」

이건 주인공이 과거시험을 보는 장면이야. 문제가 내걸리자마자 서로 다투어 문제를 베껴왔다고 했어. 과거시험 문제는 당일 발표하는데, 종이에 써서 시험장 맨 앞쪽에 붙여놓았단다. 그렇다고 큰 종이에 써서 뒤에서도 다 볼 수 있도록 붙이는 게 아니라 가까이 가

야 알아볼 수 있을 정도로 써서 붙여놓는다는 거야. 요즘처럼 시험
장이 교실이었다면 큰 문제는 없었겠지. 하지만 옛날에는 큰 운동
장이나 관청의 뜰에서 시험을 보았어. 근데 수천수만 명이 참여하
는 시험이라 먼저 시험 문제를 베끼려고 아수라장이 되기도 했고,
맨 뒤쪽에 자리를 잡을 경우 시험문제를 적어서 돌아가면 몇 시간
이 흘러버렸어.

지후_ 이야, 그런 변수가 있었구나! 그럼 진짜 앞쪽이 유리하겠네!

　지후야, 그래서 권세 있는 집안에서는 미리 하인들을 파견하여
새벽에 좋은 자리를 잡아두기도 했고, 서로 좋은 자리를 잡으려고
싸움이 일어나는 것은 흔한 풍경이었단다. 힘없는 사람들은 설령
앞쪽에 자리를 잡았다고 할지라도 뒤쪽으로 밀려나는 경우도 아주
많았지. 그러니 나이가 어리고 가난한 사람일수록 불리했어. 이리
치이고 저리 치여서 앞쪽에서는 잘 보이지도 않는 끝줄 어느 구석
에서 시험을 보아야 했으니까.

답안지도
빨리 제출하는 사람이 유리했어

시험 문제를 알았으면 그다음에는 뭘 해야겠니?

지후_ 바로 답을 쓰기 시작해야지. 앞뒤로 그렇게 긴 글을 쓰려면
　　　서둘러야 할 것 같은데.
소연_ 아냐, 우선 자기 이름을 써야지.

　그건 소연이 말이 맞아. 아무리 답안지 작성을 잘해도 자기 이름
을 쓰지 않으면 아무 소용없잖아? 옛날 시험에서도 이름 쓰는 것이
아주 중요했단다. 〈과거시험 답안지〉를 보면 오른쪽 맨 위쪽에 작은
글씨로 적혀 있는 것이 바로 자기 이름이야. 나이, 거주지, 본관 등
을 써야 해.

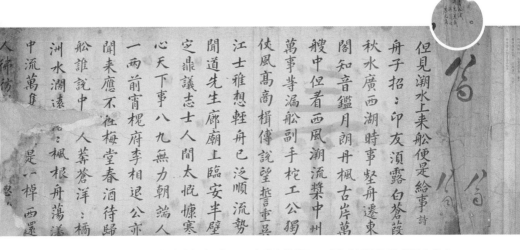

요즘 학생들이 시험 볼 때 맨 위에다 이름을 쓰듯이 옛날 학생들도 이름과 본관을 맨 위쪽에 쓴다.
〈과거시험 답안지〉 국립민속박물관

　　본관이란 자기 성씨의 본을 밝히는 것인데, 가령 이 씨라면 경주
이 씨, 전주 이 씨 그런 식으로 밝히는 것이지. 옛날에는 그런 족보
를 중요하게 생각했어. 또한 공부하는 학생이면 유학이라고 쓰고
구체적인 벼슬이 있으면 적었지. 옛날에는 공부하는 학생을 유학이
라고 불렀어.

지후_ 아빠, 또 하나 문제가 풀렸네! 아까 아빠가 우리 조상님 홍
　　　패를 보여줬잖아? 거기에 '유학이회원'이라고 나왔는데, 유
　　　학이란 학생이라는 뜻이네. 난 외국에서 공부하다 온 사람을
　　　말하는가 하고 생각했어. 그래서 혹시 중국에서 공부하고 온
　　　사람인가 했는데……. 그게 아니네.

그래, 유학이란 유학을 공부하는 학생을 의미한단다. 자, 그렇게 이름을 쓰고 보이지 않게 몇 번 접어서 풀로 붙이는 거야. 〈과거시험 답안지〉를 보면 몇 겹으로 접은 흔적이 보일 거야. 그걸 제대로 붙이지 않으면 부정행위로 간주하기도 했단다.

소연_아니, 왜 이름을 아무도 볼 수 없게 붙이는 거예요? 꼭 비밀 시험 같네요!

그건 말이야, 시험을 공정하게 치르기 위해서야. 이름이 공개되면 채점하는 사람들이 그걸 보고 누구인지 알 수 있잖아.

"어, 박 대감 아들이로구먼. 안 그래도 박 대감이 20년이 지나도록 과거에 급제하지 못한 아들 때문에 근심이 많던데, 내가 그 사람 얼굴을 봐서라도 모른 체해서는 안 되지."

그런 식으로 좋은 성적을 줄 수가 있잖아. 채점관도 사람이기 때문에 어쩔 수 없는 게 아니겠어? 실제로 조선시대에는 그런 일들이 엄청 많았거든.

또한 수험생의 정보를 알게 되면 채점관이 차별을 할 수도 있지 않겠니?

"하아, 글이 참 좋다. 물이 흐르듯이 자연스럽고 아름답구나! 근데 가만 보자. 이 자는 신분이 미천하잖아? 근데 이런 자를 장원으로 줄 수는 없지."

실제로 채점하는 사람들이 수험생의 정보를 보고는 출신 성분이 나쁘다고 좋지 않은 점수를 주는 경우도 허다했어. 그렇게 풀로 붙여진 수험생 이름을 뜯어서 본 것이지. 아무리 시험을 공정하게 치르려고 해도 나쁜 마음을 먹고 있는 사람들 때문에 늘 문제가 발생했어.

소연_ 아이고, 슬퍼지네요. 참 선생님, 근데 답안지를 작성하다 보면 고치고 싶을 때가 있잖아요? 그땐 어떡해요? 옛날에는 붓으로 답을 써서 지울 수도 없었을 텐데요.

그럴 경우에는 손을 번쩍 들어서 시험 감독관을 불러야 해. 그런 다음 감독관이 보는 앞에서 수정할 곳을 붓으로 지우며 그 옆에다 다시 쓴 다음 감독관의 도장을 받았어. 〈과거시험 답안지〉를 보면 여기저기 수정한 곳이 많은데 저마다 도장이 찍혀 있는 걸 볼 수 있을 거야.

소연_ 어, 그렇네요. 붓으로 지우고, 그 옆에 쓰고, 도장을 받았어요. 이게 없으면 부정행위로 간주되는 거군요?

그렇게 답안지를 작성했으면 서둘러서 제출해야 해. 옛날 시험은 요즘처럼 답안지를 시험 시간이 끝나갈 때 한꺼번에 걷는 게 아니야. 먼저 작성한 사람은 언제든지 제출할 수 있었어.

지후_ 아빠, 우리도 지난번 중간고사에서 그렇게 한 적 있는데, 그러니까 시험 포기자들이 가장 먼저 제출하더라. 그래서 시험 보다가 우리들이 막 웃기도 했어. 근데 옛날에는 가장 공부 잘하는 사람이 빨리 제출했다는 거네. 그렇게 빨리 제출해야만 하는 이유가 있는 것 같은데?

지후야, 우리 민요인 〈한양가〉를 보면, 답안지가 "백 장이 넘어서 자 한꺼번에 밀려들고…… 답안지가 몇 장인지 언덕같이 쌓여서 산 같구나……"하는 대목이 나온단다. 얼마나 답안지가 많으면 그렇게 표현했겠니?

너, 생각해보렴. 아까 아빠가 보여준 그런 답안지가 천 장 만 장 쌓여 있다고. 그걸 채점관들이 모두 다 볼 수 있겠니? 당연히 먼저 제출한 것들은 꼼꼼하게 보겠지만, 뒤에 제출한 것들은 대충 볼 수밖에 없어. 나중에는 지쳐서 시험지를 봐도 눈에 잘 들어오지 않는단다. 그래서 빨리 제출하라는 말이 나온 거야. 실제로 300번째 안으로 제출해야만 급제할 가능성이 있다는 말이 수험생들 사이에서는 돌았대.

시험문제를 보고 조금 생각하더니 먹을 갈아서 붓대를 놀

수정할 때는 반드시 감독관을 불러 수정한 곳에다 확인 도장을 받았다.
수정 흔적 있는 〈과거시험 답안지〉 개인 소장

렸다. 안국은 자기가 쓴 것을 한 번 읽어 보고 맨 먼저 냈다.

「바보 신랑 성공기」

이 도령은 먹을 갈고 붓을 꺼내 한달음에 휘갈겨 제일 먼저
답안지를 제출하였다.

「춘향전」

어때? 옛이야기에 나오는 주인공들은 한결같이 빠르게 답안지를
작성한 다음 가장 먼저 제출했다고 나오지? 그래야만 좋은 성적을
얻을 수 있었다는 뜻이야. 아무리 답안지 작성을 잘해도 늦게 제출
하면 채점관들이 지쳐서 그걸 제대로 알아볼 수 없었다는 말이지.

과거시험은 주관식 논술시험이라서 대충 읽고 평가를 할 수도 없

었어. 보통 열 명 안쪽의 채점관들이 수천 또는 수만 장의 답안지를 쉬지 않고 봐야 하니까. 게다가 나이가 드신 분들이라 금방 눈이 피로해지고 지치지.

소연아, 나는 가끔씩 청소년들 백일장대회에 심사위원으로 참여한단다. 그때도 이와 비슷한 문제가 생겨. 수천 명의 학생들이 원고지에다 글을 써서 제출하는데, 그걸 한두 시간 안에 다 봐야 하거든. 게다가 심사위원은 한정되어 있어. 그럼 어쩌겠어? 첨에는 꼼꼼하게 보지만 시간이 지날수록 머리도 아프고 어깨도 아프고, 집중력이 떨어진단다. 그거랑 비슷해.

게다가 옛날에는 응시자가 너무 많다 보니 친절하게 답안지를 다 제출할 때까지 기다리지 않았고, 시간이 종료하면 답안지를 다 걷지도 않고 가버렸어. 그러니 막판에 몰린 수험생들이 뒤엉키고 넘어져서 압사당해 사망하는 일이 여러 차례 발생했지. 이것이 조선시대에 사회문제가 되어 왕이 여러 차례 개선책을 내놓기도 했지만 시정되지 않았어. 왜냐면 너무 많은 사람들이 몰리기 때문에 어떻게 할 수가 없었던 거야.

소연_선생님, 근데 저도 작년에 친척 언니 실기시험 보는 데 갔었어요. 지후가 관심 있는 미대 시험요. 진짜 어마어마하게 큰 건물 안에 수천 명이 모여서 보는데, 수험생들이 그린 그림을 교수님들이 다 보기나 할까? 그런 생각이 들더라고요.

소설 『소나기』에 나오는
윤 초시란?

수험생들이 제출된 답안지는 100장 단위로 묶어서 채점하는 사람들에게 넘겨졌단다. 채점관들은 그것을 꼼꼼하게 읽어보고 점수를 매기는데, 주관식이라 채점하는 사람의 생각이 아주 중요했어.

〈시권, 임양백〉을 보면 채점관들이 얼마나 꼼꼼하게 글을 봤는지 상상할 수 있지. 채점관들이 쓰는 붉은 붓으로 글자를 하나씩 찍어가면서 평가를 했음을 알 수 있을 거야. 그리고 '문출성정'이라고 적혀 있는데, 이 말은 '글 속에 깊은 마음이 잘 드러나 있다'는 뜻이야. 좋은 평가를 한 셈이지.

이 사람의 점수는 삼하三下를 받았어.

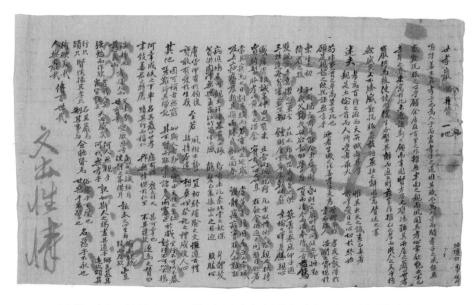

채점하는 사람들이 붉은 붓으로 점을 찍어가면서 심사한 흔적이 보이는 과거시험 답안지.
〈시권〉 임양백, 국립민속박물관

소연_ 선생님, 삼하三下가 점수예요? 저는 옛날에도 100점, 90점

　　 그런 식으로 점수를 매긴 줄 알았는데, 다르군요.

지후_ 소연아, 너 진짜 그렇게 생각했어? 조선시대에는 아라비아

　　 숫자가 쓰이지 않았잖아?

소연_ 아, 그렇구나!

　옛날에는 우선 성적을 상上, 중中, 하下 이렇게 3등급으로 나눈 다

음, 성적이 좋은 사람에게 一上, 一中, 一下로 점수를 주었고, 그다음

으로 좋은 사람은 二上, 二中, 二下, 그다음에는 三上, 三中, 三下로

점수를 주었어.

지후_ 아빠, 그렇다면 一上이 가장 좋은 점수였네? 그다음이 一中,
　　　一下 순인데, 어느 정도 받아야 합격권이라고 할 수 있는 거
　　　야?

　　그건 알 수 없지. 과거시험은 커트라인이 있는 게 아니고 성적순
으로 일정한 사람을 뽑는 것이었으니까. 三上, 三中, 三下 정도의 성
적으로도 합격되는 경우가 있었고, 우수한 학생들이 많이 몰리면
떨어지기도 했어. 근데 三下 이상의 점수는 상위권이야.
　　〈과거시험 답안지〉를 보면 차상次上이라고 붉게 쓰여 있을 거야.
그것도 上, 中, 下 등급을 나눈 다음, 차次 자를 붙였어. 차는 다음, 또
는 둘째라는 뜻이 있어. 그러니까 중간이라는 뜻이야.
　　차상次上, 차중次中, 차하次下, 이런 점수가 있으면 "아, 중상위 했구
나!" 하고 이해하면 돼.

소연_ 선생님, 저 초등학교 때 어느 백일장에 나간 적이 있는데, 그
　　　때 차상次上이라는 상을 받은 것 같은데요. 분명히 기억나요.
　　　상 이름이 차상이었어요. 그럼 그건 틀린 건가요?
지후_ 오, 소연이 너 그런 상도 받았구나! 역시 달라.
소연_ 아니, 딱 한 번 상을 받았어. 그래서 기억하는 거야.

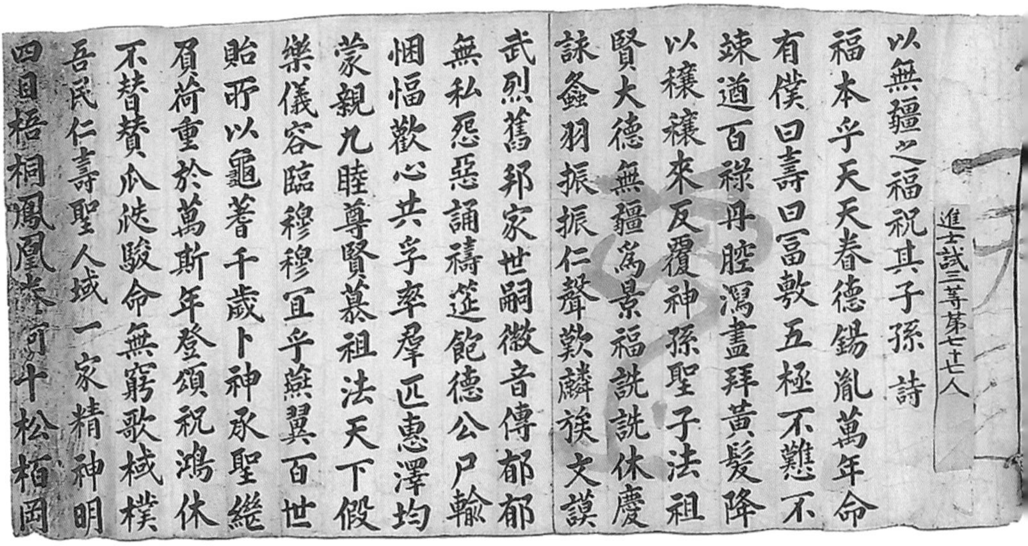

進士試三等第七七人

以無疆之福祝其子孫　詩
福本乎天天眷德錫胤萬年命
有僕曰壽曰富敷五秄不黜不
諫道百祿丹腔寫畫拜黃髮降
以禳禳來反覆爲景福神孫聖子法祖
賢大德無疆爲景福説説休慶
詠螽羽振振仁聲歡麟族文謨
武烈舊邦家世嗣微音傳都郁
無私惡惡誦禱筵飽德公尸輸
恫愊歡心共孚率羣匹匹惠澤均
蒙親九睦尊賢慕祖法天下假
樂儀容臨穆穆亙乎燕翼百世
貽厥以龜著千歲卜神承聖統
負荷重於萬斯年登頌祝鴻休
不替贊瓜瓞駿命無窮歌械樸
吾民仁壽聖人域一家精神明
四目梧桐鳳凰翥可十松栖岡

이 답안지를 보면 붉은 글씨로 차상^{次上}이라고 적혀 있다. 진사시에 응시한
이 학생은 2등 제77등으로 합격했다. 〈과거시험 답안지〉 국립민속박물관

내가 생각하기에는 상 이름을 차상次上이라고 하면 안 될 것 같아. 왜냐하면 차상이란 점수를 의미하는 거잖아? 근데 백일장을 진행하는 사람들이 그걸 잘못 이해하고 그렇게 한 모양이구나. 난 작가지만 학생 때 한 번도 백일장에 나가서 상을 받아본 적이 없단다. 그러니 소연이 넌 대단한 거야.

소연_ 선생님! 진짜요! 진짜 한 번도 상을 받아본 적이 없어요?

그렇다니까! 어쨌든 수험생 운이 좋을 경우에는 차하 같은 점수를 받고도 합격했어.

사마시 초시는 지역에 따라 인구 수에 따라서 합격자 수를 배분했는데, 한양에서는 생원시와 진사시 각각 200명씩 뽑았고, 지방에서 각각 500명씩 뽑았어. 그런데 예나 지금이나 공부를 잘하는 사람은 한양에 모여 있기 마련이야. 그러니까 한양에서 시험을 본 수험생의 경우 삼중三中같은 비교적 좋은 점수를 받고도 떨어지는 경우가 생겼고, 저기 함경도 같은 오지에서는 아무래도 한양보다 공부의 수준이 떨어지기 때문에 차하次下 정도의 점수를 받고도 합격할 수 있었다는 뜻이야.

이러다 보니 공부는 한양에서 하고 시험을 함경도나 평안도 같은 시골에 가서 초시를 보는 편법도 등장하게 되었지. 원칙적으로는 거주지에서 시험을 봐야 하지만, 과거에 급제하기 위해서는 수단과 방법을 안 가렸어. 시험을 보기 전에 그 지역으로 이사를 하거나 위장 전입도 했어.

지후_ 와, 깬다 깨! 진짜 요즘이랑 똑같네!
소연_ 선생님, 진짜 그때도 위장 전입이 있었어요? 만약 그렇다면 이것도 과거시험의 안 좋은 전통이네요. 과거시험이라는 말만 사라졌지, 진짜 요즘도 그 전통은 그대로 남아 있는 거네요.

    그렇게 사마시 초시에 합격한 사람들은 이듬해 봄 본심인 복시에 도전하는 자격이 주어졌어. 설령 복시를 보지 않거나 시험에서 떨어지더라도 초시에 합격했다는 뜻으로 윤 초시니 김 초시로 불리면서 양반 대우를 받았지.

    소년은 이번에는 어머니한테 아버지가 어디 가시느냐고 물어보았다.
    "저, 서당골 윤 초시 댁에 가신단다. 제삿상에라도 놓으시라고……."

「소나기」

소연_ 아, 맞아요. 황순원의 『소나기』를 보면 윤 초시가 나오죠. 그

소녀가 윤 초시 손녀딸인가 그렇잖아요? 근데 그 윤 초시라는 어른이 혹시 사마시 초시에 합격한 사람? 맞나요?

맞아. 윤 초시는 사마시 초시에 합격한 사람이야. 그러니까 딱 초시만 합격한 사람이지. 만약 사마시 복시에 합격했다면 그렇게 부르지 않거든. 원래 사마시 초시만 합격하면 과거시험에 합격했다고 볼 수가 없어. 근데 워낙 시험이 어렵다 보니 초시만 합격했어도 윤 초시니 심 초시 하고 양반 대우를 해주었던 거야.

소연_ 소설 『소나기』에 나오는 윤 초시가 그런 뜻이군요? 근데 국어 선생님도 그걸 모르시는 것 같았어요. 윤 초시를 그냥 양반이라고만 알려줬어요. 근데 엄밀하게 말하면 과거시험을 합격한 것이 아니니까, 양반은 아니지만 그냥 양반 대우를 해준 것이군요.

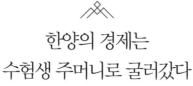

한양의 경제는
수험생 주머니로 굴러갔다

사마시 초시에 합격한 수험생들은 본심인 복시를 준비해야 한단다. 그런데 이번에는 한양에서 시험을 보기 때문에 지방에 있는 수험생들에게는 불리했어. 그래도 양반들이나 부자들은 수험생을 한양으로 이동시켜서 자리를 잡고 안정적으로 공부를 하였지. 아무래도 미리 가서 차분하게 공부하는 사람이 유리하지 않았겠니?

소연_ 아빠, 그건 지금도 마찬가지잖아? 거의 모든 시험이 서울에서 치러지잖아? 각종 취업 시험도 그렇고, 각종 공무원 시험도 그렇고, 대학 입시도 대부분 서울로 몰리고…….

그러게 말이다. 옛날이나 지금이나 변한 게 없네. 그래도 요즘은 대중교통이 발달해서 서울 가기가 수월하지만 옛날에는 그게 아니었잖아?

　김준근이 그린 〈과거 보러 떠나는 선비〉를 보면 당시 어떻게 한양까지 갔는지 대충 짐작할 수 있을 거야. 두 선비는 두루마기 차림에다 간단한 등짐을 짊어지고 있으며 짚신을 신고 지팡이를 들고 있지. 저 등짐 속에는 뭐가 들어 있을까?

소연_ 뭐, 간단한 속옷, 붓이랑 벼루 같은 것, 책. 그리고 그때도
　　　이를 닦았나요? 그렇다면?
지후_ 소연아, 옛날에도 칫솔이 있었을까? 비누도?

　하하하, 그런 게 어딨니? 옛날에는 소금을 입 안에 넣고 손가락으로 문질러서 이를 닦았고, 당연히 비누가 없으니 그냥 물로 세수를 했어. 그러니 그 봇짐 속에는 요즘 사람들처럼 치약, 칫솔, 비누, 샴푸 같은 것은 들어 있지 않아. 책이랑 답안지 쓸 종이, 붓, 벼루, 그리고 옷이랑 가면서 먹을 음식이 들어 있을 거야.

지후_ 먹을 음식이라면 김밥요?

　그땐 김밥이 없었고, 주로 미숫가루를 준비하고 다녔어. 물만 있으면 먹을 수 있으니까. 물론 하인을 데리고 가는 양반들이야 먹는

걸 걱정할 필요도 없겠지. 중간중간 맛있는 음식을 사 먹으면 되니까. 양반집에서는 한양을 잘 아는 사람이나 하인을 붙여서 동행하게 했어. 아무래도 한양을 잘 아는 사람이랑 같이 가면 큰 도움이 될 거 아냐? 한양에 올라가서 방을 구하고 과거시험에 대한 정보도 파악해야 하고, 수험생 등록도 해야 하거든. 집안에서 한양을 잘 알거나 여러 차례 과거시험을 본 경험이 있는 형제나 친구가 동행하기도 했지.

하지만 그렇게 하기 위해서는 엄청난 돈이 들기 때문에 아무나 그렇게 할 수는 없었어. 보통 한양에서 서너 달 머물기 위해서는 논 서너 마지기 정도를 팔아야 했거든. 그래서 자식 하나 과거에 급제시키기 위해서 논밭을 다 팔아 거지가 된 집안도 많았어.

과거 보는 날이 다가오면 여자들이 죽을 똥을 싸는 겨. 남자들이야 시험공부만 하니까 다른 건 신경 안 써. 문제는 돈이란 말여. 돈이 있어야 한양에 가서 잠도 자고, 밥도 사먹고 할 것 아녀. 그래서 수험생을 남편으로 둔 여자들은 늘 여비를 마련하느라고 고생이 많았어. 있는 집이야 문제가 없겠지만, 그렇지 않으면 품을 팔아서라도 돈을 모아야제. 그렇게 해서 과거 보러 갈 때는 주먹밥이랑 짚신, 노잣돈을 싸서 남편에게 주는 것이제. 결혼하지 않은 사람일 경우에는 어머니가 그 일을 하겠제.

등에 멘 봇짐 속에는 시험장에서 답안을 작성할 종이와 필기도구가 들어 있다.
〈시골에서 과거를 보기 위해 한양으로 떠나는 선비〉 김준근, 국립민속박물관

그 이야기는 내가 어린 시절에 마을 어른들한테 들은 이야기인데, 결국 돈이 시험의 합격 여부를 결정했단다. 돈이 많은 부자들은 한양에다 일찌감치 집을 구해놓고 끊임없이 본가를 오가면서 먹거리를 조달해주었지. 아예 한양에 시험 보는 캠프를 차린 셈이지. 한 번 한양에 올라가면 최소 6개월 이상은 머물러야 하기 때문에 경제력이 있는 사람들이 절대적으로 유리했던 거야.

요즘이야 차만 타면 아무리 먼 지방이라고 해도 하루면 서울에 도착할 수 있지만 옛날에는 그렇지 않았어. 저 아랫녘 고흥에서 한양까지 가려면 언제 도착할 수 있을지 장담할 수가 없는 거야. 수많은 강을 건너야 하고 산을 넘어야 했지.

옛날에는 한 선비가 붓대랑 벼루 같은 것을 짊어지고 부산 동래에서 한양까지 가는디, 그때는 걸어서 가야지 뭐. 아무 거시기 없었거든. 한양까지 가는 데 한 3개월 걸렸으니, 걸어가다가 자고 가다가 또 자고, 그러다가 대전쯤 가면 준비한 것들이 다 떨어져버려. 여벌로 준비한 짚신도 다 떨어지고, 식량으로 준비한 미숫가루도 다 떨어지고, 심지어 옷도 떨어지는 경우도 있었어.

「코딱지를 특효약으로 판 약장수」

그 이야기에 나오는 것처럼 먹을 것이랑 돈이 떨어지면 때론 거

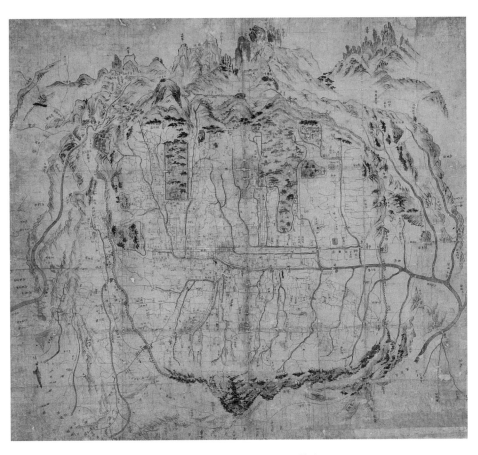

과거 경제로 발전한 조선의 수도 한양.
과거시험 때문에 사람들이 활발하게 드나들어 요즘 서울 못지않게 활기찼다.
〈진경산수화풍으로 그린 도성〉 국립중앙박물관

지처럼 구걸도 하고, 바쁜 농가를 만나면 일도 해주고 먹을 것을 챙기고, 그렇게 한양으로 한양으로 올라가는 거야.

지후_ 아빠, 그럼 한양까지 가다가 사고나 병으로 죽는 사람도 많았을 것 같은데?

소연_ 그래요, 선생님. 몇 달을 걸어서 간다고 하면…… 도적을 만나서 돈을 다 털릴 수도 있고, 아 맞다! 옛날에는 호랑이도 많았잖아요?

그래, 많은 수험생이 한양으로 가다가 죽었어. 호랑이한테 물려죽고, 병이 나서 죽고, 굶어서 죽고. 수험생들은 옷 속에서 호랑이 부적 하나쯤은 꼭 가지고 다녔어. 옛날에는 산에 호랑이가 드글드글했으니까. 수험생들 노리는 도적도 많았지. 도적들에게 다 털리고 거지가 되는 경우도 허다했어. 다행히 변을 당하지 않으면 한양으로 한양으로 몰려든 거야. 이 〈진경산수화풍으로 그린 도성〉이라는 그림에 나오는 곳이 한양이야. 한양은 성으로 둘러싸여 있고 네 개의 큰 출입문이 있어. 그것을 사대문이라고 하는데, 한양은 도성 안을 의미한다는 것을 알 수 있어.
수험생들이 한양으로 몰려들수록 방값을 비롯하여 쌀값, 종이값, 짚신값 등이 엄청나게 올라갔어. 조선시대 한양은 과거 경제라고 할 만큼 과거 보는 수험생들의 호주머니에서 나오는 돈이 큰 역할을 했단다. 한양에서 장사를 하는 사람들 거의 대부분은 수험생들 때문에 먹고 살았다고 해도 틀린 말이 아닐 거야.

소연_조선의 경제가 과거시험 때문에 굴러갔다는 말도 처음 들어요. 선생님, 저는 아직 중학생이라 역사를 많이 배우지는 않았지만, 그래도 이 정도는 이미 알아야 하는 것 아닌가요? 조선의 경제가 과거시험 경제라면서요? 그게 맞다면 당연히 알아야 하는 것 아닌가요?

에구, 거기까지는 모르겠다만…… 조선의 경제가 과거시험으로 굴러간 것은 맞아.

본심 경쟁률은
7 대 1이었다

오디션 프로도 예심보다는 본심이 훨씬 더 치열하고 엄격하게 관리가 되잖아? 과거시험도 마찬가지야. 시험을 보는 절차는 초시랑 거의 똑같았어. 김준근의 〈장중에 들어가는 선비〉를 보면 시험장으로 들어가기 바로 직전 선비들의 모습을 잘 포착해서 그렸는데, 뭐라고 하는지 한 번 들어볼까?

"어이, 박 선비. 긴장하지 말고 시험 잘 보게."

"그러세. 실수만 하지 않는다면 이번에는 좋은 결과가 나올 걸세."

"자, 그럼 이따가 주막에서 보세."

소연_선생님, 진짜 그런 이야기를 나눴을까요?

지후_소연아, 요즘 학교에서 시험 보는 우리들이랑 비슷한 이야기

손에 들고 있는 종이는 답을 쓰기 위해서 미리 준비한 것이다.
〈과거시험장에 들어가는 선비〉 김준근, 국립민속박물관

를 했을 것 같아. 시험이란 긴장하게 되면 자기 실력을 충분
히 발휘하지 못하잖아. 그래서 〈K팝스타〉를 보면 긴장해서
자기 실력을 발휘하지 못해 떨어지는 경우가 많잖아?

맞아. 긴장하지 않는 게 가장 중요했단다. 더구나 시골 출신들은
더 긴장했을 거야. 전국에서 모여든 실력자들이랑 같이 시험을 봐
야 하잖아?

이제 과거장 안으로 들어가보자. 시험이 열리고 있는 관청에는
시험을 관리하는 감독관이 앉아 있고 그 주위에 수많은 관리가 모

여 있겠지. 과거시험은 국가의 행사이기 때문에 그렇게 관리 감독을 철저히 해야만 해.

소연_ 수험생들은 멍석 위에 앉아서 답안지를 쓰고 있네요. 모든 시험장이 저렇게 마당에다 멍석을 깔아주는 모양이지요?

아니야. 멍석은 보통 각자 알아서 준비해야만 해.

지후_ 아빠, 근데 누가 수험생이고 누가 시험 감독관인지 약간 헷갈려.

그건 간단하게 구별할 수가 있어. 수험생들은 모두 유건을 썼고, 감독관들은 그냥 갓을 쓰고 있거든. 감독관은 계속 돌아다니면서 수험생들이 부정행위를 하는지 감독해야 해. 그리고 수험생들이 답안지를 작성하다가 수정하고 싶을 때 부르기 때문에 끊임없이 돌아다녀야 했지.

지후_ 근데 이 그림을 보면 시험 보는 수험생들이 막 옆에서 사람들이랑 이야기도 하고, 옆 사람 답안지를 보기도 하는 것 같은데…… 아빠, 저 그림이 진짜 시험 보는 거 맞아?

관청 마당에서 과거시험을 보는 장면.
〈평생도 세부도〉경기대박물관

아, 그렇구나! 내가 보기에도 엉망이네. 서로 다닥다닥 붙어 있을 뿐만 아니라 가까이 가서 물어보기도 하고, 귀엣말을 나누기도 하고, 그야말로 장터 같은 분위기인데. 당연히 이건 잘못된 거지. 모든 시험장의 분위기가 그렇지 않아. 원래는 수험생들은 일정한 간격으로 떨어져서 앉고, 서로 말을 주고받을 수도 없어.

저 그림은 혼탁해진 과거시험장의 풍경을 풍자적으로 묘사한 것이야. 조선시대 말에는 과거시험장의 분위기가 장터처럼 혼란스러웠던 것이 사실이야. 부정행위가 일어나는 걸 방치하고 있는 현장이라고 할 수 있지.

양반 자격증이었던
사마시 백패

사마시 복시의 경쟁률은 7 대 1이야. 생원시와 진사시 각각 700명
이 응시해서 그중 100명을 합격시키거든. 초시에 비해서는 경쟁률
이 낮은 편이지만 전국적으로 공부를 잘하는 이들이 다 모여 있기
때문에 100등 안에 든다는 것이 그리 쉽지 않았어. 어쨌든 100등
안에만 들면 꿈에 그리던 과거시험에 급제하는 것이지. 100등 안에
든 사람에게는 사마시 합격증인 백패라는 것을 지급했어.

소연_ 어, 아까 선생님이 과거에 합격하면 붉은 종이로 된 홍패를
　　　상장으로 준다고 했잖아요?

　그건 문과 합격자에게 주는 상장이고, 사마시 합격자에게는 하얀

종이로 된 상장, 즉 백패를 지급한단다.

소연_ 아하, 색깔로 구별을 했군요.
지후_ 백패도 근사해 보이는데.

백패는 하얀 종이로 만들어진 상장 같은 것인데, 당시 조선에서 가장 좋은 종이로 만들어졌어. 그 종이는 두꺼워서 세월이 지나도 쉽게 바라지 않았고, 습기에 강해서 장마철에도 끄떡하지 않았지.
자, 이주길이라는 사람이 받은 백패를 보자. '유학이주길생원2등 제17인입격자'라고 적혀 있는데, 이주길이 생원시에 응시하여 2등 17인으로 합격했다는 뜻이야.

지후_ 아빠, 2등 17인이라는 말은 무슨 뜻이야?

사마시 복시에서는 생원시와 진사시 각각 100명을 뽑아야 해. 그러기 위해서 1一, 2二, 3三등으로 합격 등급을 나눈 거야. 1등은 성적이 가장 우수한 5명, 2등은 25명, 3등은 70명. 모두 합치면 100명이지? 당연히 1등 5명이 가장 주목을 받게 되고, 최종 합격자 명단을 받아든 임금도 그들을 유심히 보게 되겠지. 그러니까 2등 17인이라는 말은, 합격 등급이 2등이고 25명 중 17번째로 합격했다는 뜻이지.

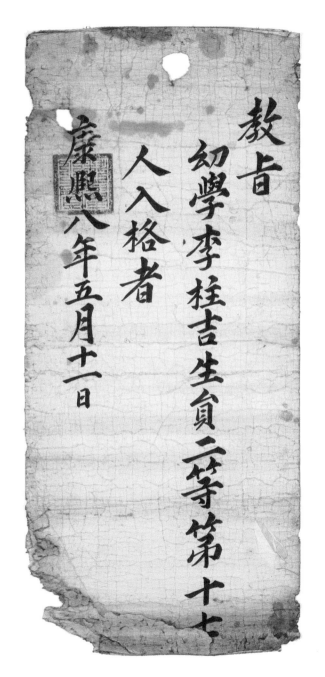

教旨

幼學李桂吉生員二等第十七

人入格者

康熙八年五月十一日

생원시에 합격해서 받은 〈이주길 백패〉 국립중앙박물관

1등으로 합격한 사람은 모두 5명이니까, 17명을 합치면 전체 22등을 했다는 것을 알겠지?

지후_ 아빠, 그러니까 1등을 5명 뽑고, 2등을 25명, 3등을 70명 뽑았다는 뜻이지?

하늘이 백성을 낼 때 선비, 농민, 장인, 상인으로 구분하였느니라. 이 가운데 으뜸가는 것이 선비요 양반이니, 이보다 더 좋은 것이 없느니라. 양반은 몸소 농사짓지 않고 장사도 하지 않으며, 조금만 글을 읽으면 크게는 문과에 급제하고 작게는 사마시에 합격하여 진사나 생원이 되느니라. 문과에 급제하면 홍패를 받는데, 이것만 받게 되면 백 가지를 두루 갖추게 되니 돈 자루나 다름없는 것이니라. 진사만 되어도 이름을 날릴 수가 있으며, 아무것도 먹지 않고도 배가 부르고, 방 안에는 어여쁜 기생을 데려다 앉혀놓고, 뜰에는 학을 길러 날게 할 수도 있느니라. 하다못해 시골에서 가난한 선비로 살더라도 자기 멋대로 할 수 있으니, 이웃집 소를 빌려 자기 밭을 먼저 갈게 하고, 마을 사람을 불러다가 자기 밭의 김을 먼저 매게 할 수 있느니라. 만일 어떤 놈이 양반을 업신여기고 말을 듣지 않을 때에는 그놈의 코에다 잿물을 들이붓고 상투 꼬투리를 잡아 휘휘 돌리고 수염을 잡아 뽑는다 하더라도 감히 원망할 수 없으니…….

「양반전」

양반만 되면 그렇게 사회적으로 온갖 특권을 누리면서 살 수가 있었어. 그러니 조선시대 모든 사람의 꿈은 양반이 되는 것이었는데, 반드시 과거시험을 통해서만 신분 이동이 가능했단다. 바로 그 양반 자격시험이 사마시였어.

사마시에 합격하면 그 후손은 3대까지 양반의 지위를 누릴 수가 있었지. 그러니까 양반으로 쭉 행세하면서 살기 위해서는 적어도 3대에 한 번씩 사마시 합격자를 배출해야만 하는 것이지.

소연_ 만약 3대째에도 과거 합격자가 나오지 않으면 어떡해요?

돈을 써서 부정행위를 해서라도 합격자를 배출시켜야 하고, 그래도 안 되면 양반집 며느리를 맞는 거야. 그럼 신랑도 양반이 될 수 있거든. 사마시 합격자에게는 종9품의 벼슬이 주어지는데, 그 벼슬이 요즘 말하면 9급 공무원이야. 조선시대 공무원도 종9품부터 시작하거든. 종9품, 그 다음에는 정9품, 종8품, 정8품…… 그런 식으로 정1품까지 올라가는 거야. 종9품이란 낮은 벼슬이기 때문에 대부분은 관직을 받아들이지 않고 문과 시험 준비를 하게 되지.

그러나 돈이 아주 많은 부자들은 일부러 더 이상 과거를 준비하지 않았어. 그들은 과거에 화려하게 급제하여 출세하는 것이 목적이 아니라 양반 신분을 유지하는 것이 목적이었거든. 그래서 조선 시대 부자들 중에서는 후손들에게 "사마시 이상 과거시험에 응시하지 마라." 하는 유언을 남기는 사람도 있었어. 왜냐면 부자라서 먹고 사는 걱정은 없고, 신분도 양반이라 사회적으로 차별을 받지 않기 때문이야. 괜히 더 높은 시험인 문과에 급제하게 되면 고위 공무원이 되어서 정치를 해야 하는데, 그러다 보면 정파 싸움에 휘말려서 집안이 큰 피해를 볼 수 있거든. 뜻있는 선비들 중에서도 그런 이유 때문에 사마시 이상의 과거를 보지 않는 경우가 많았어.

소연_ 선생님, 그분들이 현명해 보여요. 저는 사극을 자주 보는 편인데, 옛날에는 정치하는 사람들이 무섭게 싸우더라고요. 걸핏하면 유배 보내고, 온 집안을 다 몰살시키고…….

지후_ 소연아, 근데 그건 지금도 그러지 않나? 요즘도 정치하는 사람들 보면 그렇잖아. 맨날 모여서 서로 싸우기나 하고, 선거 때만 되면 국민이 어쩌고저쩌고 하지만…….

우리나라 대중가요 중에서 〈최 진사댁 셋째 딸〉이라는 노래가 있는데, 혹시 너희들 아니?

소연_ 선생님, 전 몰라요.

지후_ 아빠, 나도 몰라.

좋아, 그럼 내가 한 번 불러볼게.

"건넛마을에 최 진사댁에 딸이 셋 있는데, 그중에서도 셋째 따님
이 제일 예쁘다던데……."

어떠니, 엄청 흥겹지? 이거 내가 어렸을 때는 매우 유명한 노래였
어. 근데 말야, 난 어렸을 때 그 노랫말에 나오는 최 진사가 벼슬 이
름인 줄 알았단다. 아마 지금도 진사라는 것을 벼슬 이름이라고 알
고 있는 사람들도 많을걸.

이제 알겠지? 그건 벼슬 이름이 아니고 진사시에 합격하면 누구
나 진사라고 불렀어. 진사는 비록 높은 벼슬을 가질 수는 없었지만
사회적으로는 존경을 받았어. 그러니까 윤 생원, 이 생원이라는 말
보다 최 진사, 박 진사 하고 불려지는 것을 훨씬 더 좋아했지. 일단
진사라고 하면 글을 아주 잘 쓰는 사람을 의미하기 때문이야. 그래
서 더 인정을 해준 것이지.

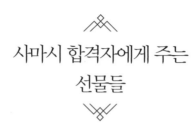

사마시 합격자에게 주는
선물들

요즘도 명문대학에 합격하거나 고시에 합격하면 '윤성달 씨 장남 윤선두 행정고시 합격을 축하합니다!' 하는 현수막이 고향 마을 곳곳에 나붙게 되고, 그 집에서는 돼지라도 한 마리 잡아서 크게 잔치하는 것을 흔하게 볼 수 있어. 그런 풍습은 수백 년 전부터 내려온 것이지. 조선시대에도 사마시에 합격하게 되면 마을 곳곳에 축하한다는 방이 나붙었고, 당사자의 집에서는 흥겨운 잔치가 벌어졌어. 그때는 요즘처럼 현수막을 만들 수 있는 천이 부족했기 때문에 주로 종이를 이용해서 방을 붙인 거야.

특히 합격자의 아내나 어머니가 특별한 선물을 준비했는데, 그건 별전이었어. 일종의 기념 화폐인 셈인데, 조선시대에는 그런 것들을 만들어서 팔았지. 특히 사마시 합격자에게는 부채 모양의 별전

잉어가 뛰어올라 용이 된다는 이야기를 담고 있는 연리도. 개천에서 용이 나온다는 말도 이 그림에서 나왔다.
〈연리도〉 국립민속박물관

서운길상이라고 적힌 〈별전〉 국립민속박물관

이 인기였어. 그걸 목에다 걸고 다니기도 하고 주머니에다 넣고 다니기도 했단다. 부채 모양의 별전에 가장 많이 적힌 글은 '서운길상瑞雲吉祥'이라는 말이야.

소연_와, 그런 것도 있었군요? 근데 서운길상이 무슨 뜻이에요?

상서롭고 좋은 일이 많이 생긴다. 그런 뜻이야. '수복귀壽福貴'라는 말이 쓰인 별전도 많았어. 귀한 복을 많이 받아서 오래오래 살아라, 하는 뜻이지.

지후_그런 뜻이 들어 있는 거라면 요즘도 그런 선물을 할 수 있겠는데?

실제로 요즘도 그런 선물을 하는 사람들이 있단다. 대학 입시나 각종 시험에서 합격한 사람에게 그런 별전을 만들어서 선물하는 거야. 금이나 은으로 만들어서 주기도 했고. 지후야, 너도 그런 것 갖

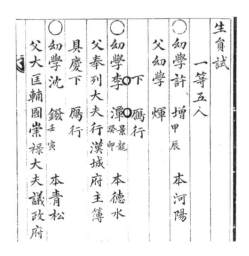

사마시 합격자들의 명단을 기록한 책으로 양반들이 가장 소중하게 여겼다.
1등을 한 5인 중에 허증이라는 사람에 대한 기록이 처음에 나온다. 〈사마시 방목〉 국립중앙박물관

고 싶니? 그럼 아빠가 대학 입시에 합격하면 하나 해줄게.

소연_ 결국 공부 열심히 하라는 아버님 말씀이네요!

아니, 뭐 꼭 그런 건 아니고……. 그리고 또 사마시 합격자들이 많
이 받는 선물로는 〈연리도〉라는 그림이야. 기왕에 사마시에 합격했
으니까 공부를 더 해서 문과에 급제하라는 의미로 주는 선물이었
어. 내가 소개한 〈연리도〉에 나오는 잉어 두 마리는 사마시와 문과
를 의미하고 연꽃은 '연달아' 또는 '연이어'라는 뜻이 들어 있어, 그
러니까 사마시와 문과에 응시하여 연달아 합격하라는 뜻인 셈이지.

3

왕 앞에서 최종 시험을 보는
마지막 33인

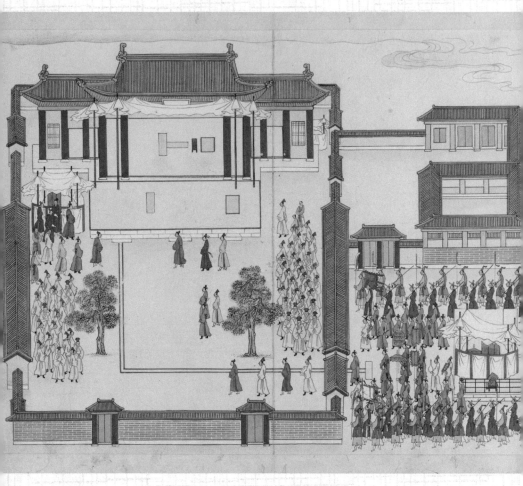

나라를 다스리기 위해서 그 누구보다도 공부를 많이 해야만 했던
왕세자는 성균관에 입학하여 다른 학생들과 치열하게 경쟁해야 했다.
〈왕세자 성균관 입학식〉 국립고궁박물관

출신 성분이
좋은 사람만이 들어갈 수 있었던 성균관

지금은 초등학교부터 무상교육을 실시하지만 조선시대는 그렇게 하지 않았어. 초등학교였던 서당을 무상교육하게 되면 나라에서 아주 돈이 많이 들어갈 것이고, 또한 양반이 아닌 사람들이 마음껏 공부를 할 수가 있잖아? 그렇게 되면 양반이 아닌 사람들 중에서도 과거 합격자가 나올 수 있겠지. 그러니 기득권을 가지고 있는 양반들이 초등학교부터 무상교육을 할 리가 없었을 거야. 그래서 조선은 요즘하고는 정반대로 대학부터 무상교육을 실시한 거야. 조선의 최고 대학이었던 성균관부터 중등학교였던 향교까지는 무상교육을 했지만 평민들이 많이 다녔던 서당은 무상교육이 아니었다는 뜻이야.

소연_ 서울 명륜동에 있는 그 성균관 대학을 말하는 건가요?

그렇단다. 조선시대 성균관이 오늘날 성균관 대학이 되었는데, 물론 이름만 같을 뿐이지 가르치는 것은 전혀 달라. 더구나 옛날 성균관은 국립이었고, 지금은 사립이잖아?

소연_ 근데 사마시에 합격하면 성균관에 입학할 수 있는 거 아닌가요?

원칙적으로는 그래. 하지만 실제로는 양반 사대부의 자제들은 아무런 제약 없이 입학이 가능했지만 출신 성분이 미천한 사람들은 입학이 제한되는 경우가 많았단다.

지후_ 아빠, 왜 그렇게 항상 차별이 있는 거야? 옛날에는 옛날이라서 그렇다 치고, 지금도 그런 차별이 많이 있잖아. 우리 사회는 언제나 공평해질까?

에구, 어른인 내가 부끄럽구나! 너희들이 어른이 되었을 때는 지금보다 더 나은 사회가 되었으면 좋겠어.

차별이 있었던 이야기를 조금 더 하자면, 양반집 자제들은 사마시에 떨어진 사람도 성균관에 가서 수업을 들을 수 있었단다. 오성대감으로 알려진 이항복1556~1618도 그런 특혜를 받았어. 이항복은 진사시 초시는 통과했지만 복시에서 낙방한 거야. 이항복은 고려의 유명한 학자인 이재현1287~1367의 후손이었고, 아버지는 지금의 장관급인 형조판서를 지낸 유명한 정치인이야. 한마디로 말해서 금수저였던 거야. 그러니 사마시에 떨어졌는데도 성균관에 들어가서 청강할 수 있는 기회가 주어졌던 것이지.

지후_ 진짜, 열받네! 이항복처럼 양반집 자제들은 사마시에 떨어졌어도 성균관에 가서 공부할 수 있고, 신분이 미천한 사람들은 사마시에 합격하고도 성균관에 들어가지 못했다는 말이잖아!

소연_ 선생님, 근데 그때 청강생이 있었네요? 요즘도 있잖아요? 지방대생들은 서울에 있는 대학에 가서 청강한다던데…….

그래, 요즘 일부 대학생들이 하는 청강이랑 비슷한 거지. 청강생이란 글자 그대로 성균관에 들어가서 공부만 할 뿐 정식 학생은 아니었어. 그러니 성균관 기숙사에서도 생활할 수 없었지. 그건 요즘 다른 대학에 가서 청강하는 학생들도 마찬가지잖아? 근데 옛날 성균관 청강생들은 정식 학생처럼 나름대로 혜택도 받았단다. 그게 뭐냐 하면, 성균관 학생들은 수시로 과거시험을 볼 수 있는 기회가 주어졌거든. 그런 기회를 청강생들도 받았으니, 그야말로 엄청난 특혜라고 할 수 있단다. 이항복도 그렇게 해서 과거에 급제했단다.

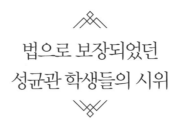

법으로 보장되었던
성균관 학생들의 시위

성균관에 입학하면 학비도 무료였고, 군대도 가지 않았으며 세금도 내지 않았어. 장차 나라를 이끌어갈 고위 공무원이 될 사람들이기 때문에 국가에서는 최고의 대우를 해준 거야.

지후_ 와아, 신의 아들이었네!
소연_ 어떻게 그런 특권을 줄 수가 있었을까요?

게다가 성균관 학생들은 합법적으로 시위도 할 수 있었어. 학생들은 성균관에서 생활하면서 선생님이나 다른 관리자들로부터 부당한 대우를 받거나 하면 시위를 하였는데, 그것을 '권당_{捲堂}'이라고 했지. 권당이란 다 같이 힘을 모아서 당당하게 대적한다는 뜻이야.

규장각 학자들도 성균관 유생들처럼 권당을 할 수 있었다. 〈규장각도〉 김홍도, 국립중앙박물관

지후_ 아빠, 요즘 말로 하면 시위네! 데모 말이야!

그래. 하는 방법도 요즘 시위랑 거의 똑같았어. 학생들은 문제가 생기면 자기들끼리 모여서 대자보를 붙이거나 식당 출입을 거부하기도 했어.

소연_ 대자보 붙이는 것도 그때 생긴 거구나!

그렇지. 대자보 붙이는 것은 그때부터 생긴 것이란다. 아무튼 그렇게 해도 자신들의 의견이 받아들여지지 않으면 아예 학교를 비우고 나가버렸어. 예나 지금이나 학생들은 사회 문제에 민감하잖아? 그만큼 젊기 때문에 자신들이 살아가야 할 사회 문제에 예민한 것은 당연한 일이야.

세종대왕1397~1450은 대궐 안에다 내불당이라고 하는 절을 지으려고 했어. 당시 조선은 국가적으로 불교를 금지했기 때문에 아무리 왕이라도 해도 그건 불법이었어. 지금으로 말하자면 불교란 불온사상이나 마찬가지기 때문에 불교를 믿게 되면 국가보안법에 해당하는 벌을 받아야 해. 실제로 수많은 사람이 불교를 믿다가 적발되어서 처벌을 받았어.

조선에서는 유교라는 종교 외에는 타 종교를 금지했어. 일반 백성들이야 불교를 믿어도 상관없지만 적어도 고위 공무원이나 정치인들은 그럴 수가 없었다는 뜻이야. 불교를 믿어도 모르게 해야지 그게 알려지면 그걸 꼬투리 삼아서 책임을 물을 수가 있거든.

근데 상대는 왕이잖아? 그러니 어른인 관료들은 서로 눈치만 보면서 제대로 말을 하지 못하자, 성균관 학생들이 강력하게 반발한 거야. 아무리 왕이라지만 이단인 불교를 믿으면 안 되니까, 왕이 그 뜻을 철회하라고 요구한 거야. 당연히 왕이 어린 학생들 말을 듣겠니? 그러자 학생들은 다시는 학문을 하지 않겠다고 하면서 모두 자기 집으로 가버린 거야.

소연_ 야아, 진짜 상상이 안 되네요. 감히 학생들이 왕에게 반발하다니?

세종대왕도 처음에는 화가 나서 "이놈들이 감히……. 내 이놈들 버릇을 고쳐놓겠다!" 하고 화를 냈단다. 그러나 모든 관리들이 나서서 "만약 학생들을 처벌한다면 전하에 대한 평가가 나빠질 것입니다. 그러니 조금만 시간을 주십시오" 하고 말하자 수긍하였고, 관리들에게 이 사건을 잘 해결해달라고 부탁한 거야.

요즘 어떤 대통령들은 옆에서 보좌하는 관리들이랑 이야기를 하지 않는다고 하잖아? 이야기를 듣지도 않고, 모든 걸 자기 맘대로 한다고 하잖아. 세종대왕은 안 그랬어. 그래서 당시 최고의 공무원이었던 영의정 황희를 비롯하여 높은 관료들이 직접 학생들의 집을 찾아가서 왕의 뜻을 전하고 설득시켰어. 대궐 안에다 불당을 짓는 것은 법에 어긋나지만 늙은 어머니를 위해서 어쩔 수 없는 일이라고 설명하고 이해를 구한 거야. 그러니 학생들도 이해를 하지 않겠니?

생각해보렴. 당시 최고의 벼슬인 영의정이라면 지금으로 치면 장관이나 또는 그보다 더 높은 관료일 수도 있어. 그런 분들이 어린 학생들을 만나고자 산골 마을까지 찾아가서 당사자들의 이야기를 들어주고 소통하려 했다는 것, 그 자체만으로도 나는 그 시절이 조금은 부러워. 요즘 우리나라에서는 찾아볼 수 없는 모습이기 때문이야.

동맹 휴학을 한 학생들은 왕이 만족할 만한 답변을 하지 않으면 계속 단체 행동을 했어. 왕은 몹시 불쾌하고 화가 났지만 학생들의 기를 살려주는 것이 나라의 기운을 기르는 거라고 판단하고는 묵인해주었어. 그러면서 적극적으로 학생들 이야기를 들으려고 했다는 사실이야. 이것만 보아도 옛날 왕들이 요즘 대통령들보다 훨씬 더 현명했음을 알 수 있어.

조선왕조를 이끌어갈
맞춤형 정치인을 배출하는 학교

성균관이란 조선을 이끌어갈 맞춤형 공무원을 배출해내는 곳이야. 그러니 성균관에만 입학하면 어느 정도 출세가 보장된 셈이었어. 성균관에 입학했다는 그 자체만으로도 보통 사람들은 성균관 학생들을 우러러보았어. 지금 로스쿨하고 거의 비슷하다고 할 수 있지. 왜냐면 성균관에 입학하면 거의 다 과거시험에 합격할 수 있었으니까.

그래서 양반들 중에서는 성균관에 입학한 학생들을 전략적으로 사위삼기도 했어. 성균관 학생들 입장에서도 그런 결혼식을 마다하지 않았지. 왜냐면 보다 더 좋은 가문의 사위가 되면 그만큼 든든한 백이 생기는 것이고, 훨씬 더 수월하게 공부하여 과거에 급제할 수 있었으니까.

소연_선생님, 우리 아빠 말 들어보니까, 아빠 세대에는 육사에 합격하면 여기저기 좋은 집안에서 실제로 선이 들어오고 했대요. 아빠 친구 중에는 지금 별 하나까지 올라간 분이 있는데, 그분이 좋은 집안에서 사위 삼은 거래요.

소연아, 그런 일은 지금도 허다하단다. 요즘 대기업과 대기업이 서로 사돈을 맺거나 또는 대기업 회장님들이 사법고시에 합격한 사람들을 사위로 받아들이는 것도 그와 똑같은 문화라고 할 수 있지.

아무튼 왕들은 수시로 성균관에 가서 학생들을 직접 불러 국가 정책에 대한 토론을 하고 직접 시험을 보기도 했어. 〈성균관친림강론도〉는 왕이 학생들을 불러놓고 시험 보는 장면이란다.

그 그림을 보면 왕이 편안한 의자를 놔두고 마당으로 내려와서 앉아 있지? 정말 파격적인 장면이야. 근처에는 왕을 호위하는 경호원 하나 없잖아? 만약 학생들이 마음만 먹으면 얼마든지 왕을 해코지할 수 있을 거야. 요즘 대통령들이라면 상상도 할 수 없는 일이지.

대통령이 어느 학교에 떴다 하면 근처의 휴대전화도 마비시키고, 모든 교통도 다 마비시키잖아? 그리고 그 잘난 대통령 근처에는 아예 얼씬도 할 수가 없어.

하지만 그림을 보면 전혀 다른 풍경이야. 왕은 의자도 없이 풀밭에 앉아서 편안하게 학생이랑 이야기를 나누잖아. 왕은 많은 학생을 한꺼번에 모아놓고 시험을 보게 하지 않았어. 조용히 한 사람씩

왕이 성균관 학생을 불러 간단하게 구술 시험을 보는 장면. 〈성균관친림강론도〉 고려대박물관

자식을 많이 낳아 과거에 합격시켜서
행복하게 살기를 바라는 마음으로 그렸다.
〈공작도〉 경기대박물관

불러내서 대화하듯이 묻고 대답하는 형식이었지. 왕은 이 자리에서 학생들의 솔직한 말을 듣고 국정에 반영하기도 했어. 왕이 묻는 것에 대답을 잘한 학생들은 과거시험에 바로 합격시켜주기도 했어.

소연_ 그 자리에서 바로 과거에 합격시켜준다고요?

그렇지. 왕이 명령하면 되는 세상이었으니까.

소연_ 오, 수시로 대학 입시에 붙은 거랑 비슷하네요. 아무튼 학생들 입장에서는 좋았겠어요.

그렇단다. 성균관 학생들은 그와 비슷한 특혜를 많이 받았어. 심지어 매년 12월에 제주 목사가 왕에게 바치는 감귤을 성균관 학생들에게 나누어주면서 과거시험을 보았지.

민화 〈공작도〉에는 탐스럽게 귤이 매달려 있어. 귤은 유자와 더불어 매우 귀한 과일이었지. 왕실에서는 귤을 제사 지내는 데 썼고, 워낙 귀한 과일이다 보니 특별한 날에 관료들이랑 성균관 유생들까지도 나눠 먹었어.

그 귀한 것을 대학생들한테까지 나눠줬다는 것을 보면 왕실에서 성균관 학생들을 얼마나 아꼈는지 짐작할 수 있겠지? 원래 귤은 하도 귀해서 왕이나 맛보는 과일이었고, 중국이나 일본에서는 외국 사신들이 오면 대접할 때나 나오던 과일이었어.

그렇게 귤을 먹으면서 보는 과거를 황감제黃柑製라고 했지. 누런 감귤이 익어가는 철에 열리는 시험이라는 뜻이야. 근데 귤은 제주에서 올라오기 때문에 항상 변수가 생겼어. 바닷길이 험하면 제때에 올라올 수가 없는데, 이럴 경우 과거 날짜는 잡혔으니 아주 난감할 게 아냐? 그래서 생각해낸 것이 귤처럼 노랗게 생긴 황태를 성균관 학생들에게 나눠주면서 황감제라는 과거를 본 거야.

지후_아빠, 꿩 대신 닭이 아니라 귤 대신 황태인 셈이네!

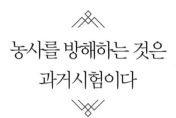

농사를 방해하는 것은
과거시험이다

사마시는 초시와 복시만으로 합격자를 결정하지만, 문과 시험은 초시, 복시를 거쳐 최종심은 전시까지 거쳐야 했으니까, 사마시보다 훨씬 더 많은 시험을 보아야 했단다.

오디션 프로도 예심을 거쳐 본심에 오른 참가자들은 TOP10 안에 들어가기 위해 훨씬 더 다양한 방법으로 검증을 받게 되잖아? 과거시험도 마찬가지야. 왕이 국민들을 위해서 베푸는 최고의 행사잖아. 즉 전국을 대상으로 하는 오디션 프로였다고 생각하면 돼. 그래서 마지막 단계에서는 더 복잡해지는 것이지.

문과 시험의 초시 역시 사마시 초시하고 똑같이 가을에 열렸어. 문과 초시의 경우 전국에서 240명을 선발하는데, 성균관에서 50명, 한양에서 40명, 지방에서 150명을 뽑았지.

소연_와, 성균관 학생을 50명이나 뽑았어요? 한양 전체보다 더 많네요? 한양에는 수험생들이 엄청 많았을 텐데요.

　당연하지. 한양에서 공부하는 수험생이 수십만 명이었으니까, 그야말로 하늘의 별 따기였지만 성균관에 입학하기만 하면 과거시험에 합격하기란 누워서 떡 먹기인 셈이지.
　문과 초시는 사마시 초시보다 더 한양과 지방 학생들 간에 학력 차이가 났기 때문에 많은 사람이 위장전입을 했단다. 〈함경도 지방

함경도 지방에서 문무과 시험이 같은 장소에서 열리고 있다. 오른쪽 넓은 마당에서는 말을 타고 활을 쏘는 무과시험이 열리고 있고, 왼쪽에서는 문과 지망생들이 모여서 시험을 보고 있다. 〈함경도 지방의 과거시험〉 국립중앙박물관

의 과거시험〉이란 그림을 보면 붉은 두루마기 차림으로 유건을 쓰고 모여서 시험 보는 장면이 보이는데, 다른 지역처럼 수험생들이 많지 않음을 알 수 있어. 문과 초시는 사마시를 통과한 사람들이나 현직 관리들만이 응시할 수 있었기 때문에 지방으로 갈수록 응시자가 적었고, 학력 수준도 떨어졌지. 그러니 한양에서 공부한 학생들이 지방에 가서 시험을 볼 경우 합격할 가능성이 그만큼 높았던 거야.

자, 그렇게 각 지역에서 예선을 거쳐 뽑힌 240명이 이듬해에 한양에서 복시를 보았지.

사실 봄은 과거시험을 보기에 딱 좋은 계절이었어. 옛날에는 농사철이 되면 어린아이는 말할 것도 없고 노인들까지 다 동원되었어. 농사철이 얼마나 바쁜지 죽은 송장도 벌떡 일어나서 일을 한다고 했을까. 그런 바쁜 철에 과거를 본다고 사람들이 한양으로 몰려들어서 농촌 일손이 부족해지기도 했어.

실제로 문과와 사마시의 복시가 열리는 봄이 되면 수많은 젊은이가 한양으로 올라가는 바람에 농촌에는 여자들과 힘없는 노인들만 남게 되었거든. 농업이 주력 산업이었던 사회에서는 큰 타격을 입을 수밖에 없었지. 그래서 복시를 앞당겨 정월달에 보거나 아예 가을로 미루기도 했지.

지후_아빠, 잠깐만! 이해가 안 돼! 문과 복시를 보는 수험생은 240명인데, 그 사람들이 시험을 본다고 한양으로 간다고 해서 농사에 지장이 생겼다니?

소연_어, 그러네요! 선생님, 이상해요.

에구, 그렇구나! 내가 지후한테 한 방 먹었네! 맞아. 내가 이야기를 문과랑 무과를 구분해서 하다 보니 이런 오류가 생겼구나. 문과 시험을 볼 때는 무과를 같이 보았어. 근데 무과는 수천수만 명이 응시했단다. 10만 명이 응시한 적도 있어. 그러니 일할 만한 사람들이 한양으로 다 몰려들었다는 말이 나올 법도 하지?

소연_ 아, 결국 문과가 아니라 무과 때문에 그런 말이 나온 거네요?

그런 셈이야. 인정!

최고의 실력파들이 겨루는
문과 복시

문과 복시는 시험과목이 많아서 하루에 시험을 다 볼 수가 없었지. 사마시 복시가 하루에 다 보는 것하고는 전혀 다른 거야. 문과 복시는 3일에 걸쳐서 보았는데, 3일을 연달아 보지 않았어. 하루 시험을 보고 그다음 날은 쉬는 식으로 시험을 보았으니까 최소 6일 이상이 걸렸어. 갑자기 날씨가 좋지 않으면 하루씩 연기될 수도 있기 때문에 10일 이상이 걸릴 수도 있었어.

지후_아빠, 그냥 연달아 3일간 쭉 보는 게 더 낫지 않았을까?

아마, 처음에는 그렇게 했을 거야. 근데 수험생들이 너무 힘들어 하니까, 하루 보고 하루 쉬고 그런 식으로 배려한 것이지. 그만큼 시

간단하게 묻고 대답하는 형식의 과거시험 장면.
〈치경급제하는 모양〉 김준근, 국립민속박물관

험이 힘들고 어렵다는 뜻이기도 해. 한 번 시험을 보고 나면 온몸에 힘이 다 빠져버릴 정도로.

하루하루 시험을 볼 때 채점을 해서 성적이 좋지 않은 사람은 탈락시켰어. 그러니 더욱 피가 말랐겠지. 시험을 보는 방법도 여러 가지였어.

김준근의 〈치경급제하는 모양〉이라는 그림도 과거시험 보는 장면이야. 수험생이 책상에 앉아 있고 시험관이 앞에 있는데, 시험관이 유교 경전 같은 책을 끄집어내놓고 어느 편을 펼쳐서 읽고 해석

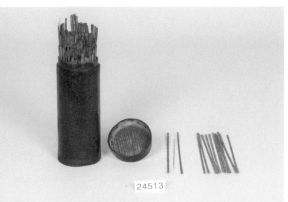

조선시대 각종 시험 도구로 쓰인 〈죽청〉과 〈죽책〉 국립민속박물관

하라 하면, 학생은 그 면을 펴서 읽고 그 뜻을 풀이하는 거야. 이렇게 시험을 보는 것은 가장 보편적인 방법이라고 할 수 있어.

문과 복시에는 좀 더 다양한 시험 방법이 동원되는데, 그중 하나가 대막대기를 이용하는 시험이란다. 자, 내가 보여주는 저 가느다란 댓조각을 '죽청'이라고 하는데, 원래 저것은 주로 점을 볼 때 쓰는 물건이야. 사람들이 와서 그걸 뽑으면, 그 댓조각에 적혀 있는 사주를 알려주는 것이지. 과거시험에서도 그런 댓조각이 시험 도구로 쓰였어. 미리 댓조각에다 시험문제를 적어놓고 수험생들이 뽑기를 하는 거야. 수험생은 자신이 뽑은 댓조각에 적혀 있는 시험문제에 대해서 답을 하는 방식이지.

사실 이 방법은 조선시대에 아주 많이 쓰인 시험 방법이란다. 궁궐에서 왕자들이 시험을 볼 때도 이런 방법이 쓰였거든.

또한 활을 쏘아서 시험문제가 적힌 표적을 맞힌 다음, 거기에 적혀 있는 시험문제에 답을 하거나 글을 쓰는 방법도 사용됐어. 문과 복시는 생원시처럼 유교 경전을 암송하고 해석하는 시험도 있고, 진사시처럼 글을 지어야 하는 시험도 있었어. 고전소설인『춘향전』을 보면 과거시험 장면이 나오는데, 그것은 수험생인 이몽룡이 진사시처럼 글을 짓는 과정이야.

> 전국에서 내노라 하는 선비들이 과거장을 가득 메웠는데, 시험문제를 보니 잘 아는 것이었다. 이 도령은 먹을 갈고 붓을 꺼내 한달음에 휘갈겨 제일 먼저 답안지를 제출하였다. 이몽룡의 글을 본 시험관들은 모두 천하에 다시없는 재주라고 입을 모았다.
>
> 「춘향전」

이몽룡처럼 잘 아는 시험문제가 나왔다고 해도 함부로 쓸 수가 없었지. 앞에서도 말했다시피 나라에서 금지한 사상은 조금이라도 인용하면 안 되는 거야. 오직 공자나 맹자의 유교적인 틀 속에서 글을 써야 하지 도교나 불교적인 내용이 드러나게 쓰면 안 된다는 뜻이야.

왕이 직접 출제한
다양한 문제들

문과 복시는 그렇게 다양한 방법으로 3일간 시험을 보아서 모두 33 명을 골라냈어. 1등부터 33등까지 가려낸다는 뜻이야. 그리고 마지막 단계가 있어.

앞에서도 말했지? 사마시의 경우 초시와 복시만으로 합격자가 결정되지만 문과의 경우는 초시, 복시 그리고 전시라는 새로운 방법의 시험을 한 번 더 보아야 한다고.

전시란 왕이 시험관으로 참석해 보는 시험이란다.

소연_아니, 왕이 시험관으로 참석한다고요?
지후_에이, 설마?

아냐, 사실이란다. 다만 33명으로 압축된 상태라 시험관이라고 해도 굳이 돌아다닐 필요가 없어. 그냥 수험생들이 가장 잘 보이는 곳에 앉아서 보고 있으면 돼. 왕은 문과 복시에서 뽑힌 33명을 특별히 궁궐로 초청한 다음

"지금까지 어렵게 공부하여 문과 복시에 합격한 것을 진심으로 축하하고 그 노고를 치하한다. 자, 이제 마지막 시험이니 마음 편안하게 갖고, 자신의 생각을 솔직하게 쓰기를 바란다!"

그렇게 수험생들에게 따뜻한 말을 해주면서 직접 차를 따라주기도 했어. 그런 다음 왕은 자신이 생각해온 문제를 말했지.

지후_ 아빠, 진짜 왕이 문제를 직접 출제하는 거야?

문과의 맨 마지막 단계 시험에서는 왕에게 직접 문제를 출제할 수 있는 권한을 준 것이지. 물론 이때 보는 시험은 유교 경전을 해석하고 암송하는 것이 아니야. 왕이 시제를 던져주면 수험생들은 자신의 경험과 학식을 바탕으로 해서 시를 쓰거나 논리적인 글을 쓰는 거야.

지후_ 결국 진사시네? 왕 앞에서 보는 시험은 진사시야!
소연_ 오, 그래서 과거시험에서 진사시를 더 쳐주는 것이군요?

이제 둘 다 제법 전문가가 되어가는 것 같은데. 그렇단다. 맨 마지막 단계의 시험은 암기력보다는 글을 잘 쓰는 사람이 유리한 시험이었어.

소연_ 선생님, 저 갑자기 궁금한 게 생겼어요. 옛이야기를 보면 과거 보는 장면이 종종 나오잖아요? 『춘향전』에도 나오고요. 그렇게 옛이야기에 나오는 과거 보는 장면은 어떤 시험을 보는 장면인가요? 가령 문과 초시는 아닐 것이고, 문과 복시인가요, 아니면 문과 전시인가요?

안 그래도 그 이야기를 하려고 했단다. 옛이야기에 나오는 과거 보는 장면은 문과 전시를 보는 장면이란다. 과거시험의 하이라이트를 묘사할 수밖에 없는 것이거든. 그래서 모든 이야기에 나오는 장면은 다 문과 전시라고 생각하면 된단다.

그럼 이제 왕이 내는 시험문제가 어떤 유형이었는지 알아볼까?

"인재를 등용하고 양성하는 방법에 대해서 논하여라."

이것은 세종이 냈던 문제란다. 놀랍지 않니? 학생들에게 그런 문제를 왕이 출제를 하다니 말이야. 또한 광해군1575~1641은 '지금 당장 가장 시급한 국정의 과제를 어떻게 풀어야 하는가?'라는 시험문제를 냈어.

그걸 본 임숙영1576~1623은 자기 생각을 솔직하게 썼어.

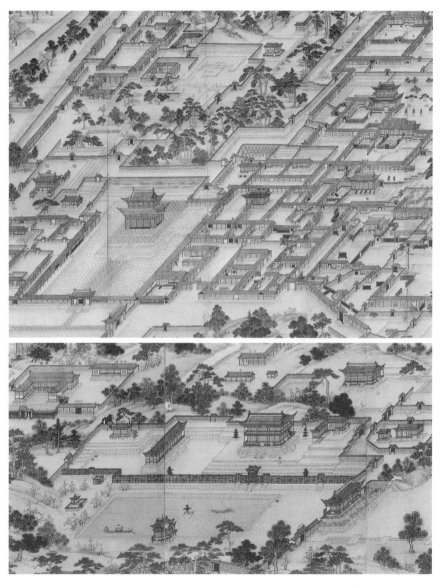

과거시험에 합격하여 궁궐에 들어가서 정치하는 것이 선비들의 꿈이었다. 〈동궐도〉 고려대박물관

"나라가 도탄에 빠지고 외척들이 국정을 어지럽히고 있는데, 왜 마땅히 물어야 할 것을 묻지 않으십니까?"

그런 식으로 학생이 왕에게 잘못을 지적하고 따지고 든 거야. 그러고는 국정 혼란의 원인이 왕에게 있다고 신랄하게 비판을 했단다.

허허허, 참! 대단하지 않니? 민주주의 국가라고 하는 우리나라에서도 일어날 수 없는 일이야. 우리나라 공무원 시험 중에도 마지막 단계에서 면접시험을 보는 일들이 더러 있는데, 그때 정부의 정책을 비판하거나 하면 모두 다 탈락하게 되지 않을까. 교원임용고시에서는 전교조를 옹호하거나 정부의 교육정책을 비판해서도 안 되고, 사법고시에서도 사법제도를 비판하면 안 되지. 결국 면접시험이란 수험생의 올바른 생각을 묻는 게 아니라 최대한 올바른 생각을 하지 못하도록 애초부터 싹을 잘라내는 시험인 셈이지.

소연_ 선생님, 민주주의 국가에서 그러면 안 되는 거 아닌가요? 왜 잘못된 것을 비판하지 못하는 게 하는 거죠? 기업체 면접시험 볼 때도 그렇게 한다고 들었어요.

지후_ 아빠, 내 친구는 중학교 때 대안학교에 원서 넣었다가 떨어졌잖아? 근데 걔가 그 학교에서 전에 있었던 일을 알고는 약간 비판하는 식으로 말했나 봐. 2차 면접 볼 때 말이야. 그러니 떨어진 거지.

그래, 우리나라는 민주주의 국가이지만 실은 말을 함부로 하면 안 되는 나라야. 특히 특정 조직에 들어가기 위해서는 더욱 그렇지. 왕조국가에서도 고위 공무원 시험을 볼 때 그렇게 자유롭게 말을 할 수가 있었다는 점을 생각하면, 오히려 옛날이 나은 점이 많았다는 생각도 들어.

물론 광해군은 화가 머리끝까지 나서 임숙영의 급제를 취소시켰어. 그러자 영의정 이덕형1561~1613과 좌의정 이항복이 나선 거야. 이덕형과 이항복은 죽마지우로 어릴 때부터 절친이었다는 거 잘 알지? 『오성과 한음』이야기에 나오는 한음이 이덕형이잖아. 두 친구가 나란히 정승에 올랐으니 조선 역사에 아주 드문 일이야. 그들은 왕을 4개월간이나 설득했어. 조선에서는 그런 일이 없기 때문에 다시 생각해달라고 했고, 젊은 선비의 뜻을 아량 있게 받아줄 것을 부탁했어. 결국 광해군은 신하들의 뜻을 받아들였지.

자, 그런 식으로 왕 앞에서 보는 시험은 수험생들이 자기 생각을 솔직하게 쓰는 것이 가장 높은 점수를 받았어. 왕은 문제를 낼 수 있지만 채점하는 권한은 없었어. 채점하는 사람들은 수험생들이 논리적이면서도 자기의 생각을 떳떳하게 드러내는 것을 좋아했어.

문과의 합격증,
홍패

수험생들이 답안지를 제출하면 서리라는 사람들이 대기하고 있다
가 붉은 글씨로 옮겨 적는단다. 아주 최대한 빠르게 옮겨 적어야 해.
서리는 문서를 옮겨 적는 일을 전문적으로 하는 공무원이야. 옛날
에는 복사기가 없었기 때문에 그런 식으로 문서를 옮겨 적어 몇 개
로 만든 다음 보관하는 거야.

『조선왕조실록』도 그랬잖아. 혹시라도 분실될 것에 대비해서 몇
개를 똑같이 옮겨 적어서 각각 다른 곳에다 보관했지.

소연_ 선생님, 근데요, 수험생들의 답안지도 보관하기 위해서 서리
들이 옮겨 적는 건가요?

그건 아니야. 답안지를 옮겨 적는 것은 공정한 심사를 하기 위해서란다.

지후_아빠, 나도 잘 이해가 되지 않아.

채점하는 사람들은 답안지 원본을 보고 평가하는 게 아니야. 서리들이 복사한 것을 보고 평가해. 만약 원본을 보게 되면 글씨체를 보고 누구인지 알아볼 수도 있잖아?

지후_아, 답안지를 누가 썼는지 알아보지 못하게 하려고?
소연_선생님, 모든 시험에서 그렇게 했나요?

그렇게 하고 싶었겠지? 근데 수험생이 수백 명 또는 수천 명이 넘어가면 그걸 어떻게 서리들이 다 옮겨 적겠니? 그래서 문과 전시에서만 이런 방법을 썼단다. 채점관들은 서리들이 옮겨 적은 답안지를 보고 서로 토론을 하여 최종 등수를 결정하는 거야. 이미 복시에서 33명으로 압축된 상태라 전시에서는 등수만 결정하면 되는 셈이지.
사마시에서는 1등 5명, 2등 25명, 3등 70명 이렇게 100명을 뽑았어. 문과도 사마시처럼 3등급으로 수상자를 갈랐고 갑, 을, 병으로 불렀어. 갑과는 3명, 을과는 7명, 병과는 23명을 뽑은 거야. 옛이야기에서 흔히 들을 수 있는 장원급제란 바로 문과에 응시하여 갑과에서 1등을 했다는 뜻이야. 물론 옛날에는 그렇게 말하지 않았고 '문과갑과제1인급제자'라고 했어. 2등은 '문과제2인급제자'라고 했고, 3등은 '문과제3인급제자'라고 불렸지.

지후_ 아, 1등을 갑과 1인 급제자, 2등을 갑과 2인 급제자, 3등을 갑과 3인 급제라고 했다고? 그렇게 부르는 것도 재미있네. 그럼 4등은 을과 1인 급제자, 5등은 을과 2인 급제자, 그렇게 부른 건가?

그래, 6등은 을과 3인 급제자가 되겠지. 얘들아! 내가 과거 이야기를 할 때 맨 처음에 소개한 결혼식 장면이 기억나지? 거기에 나오는 오리에는 갑^甲이라는 글자가 들어 있잖아? 그래서 오리는 갑과에 1등으로 급제하라는 뜻도 들어 있단다.

> 충청도 청풍 도화동 출신 박문수가 장원급제했다는 소문이 장안에 파다하게 퍼졌다.
>
> 「박문수전」

> 채점관들이 심사를 끝내고 보니 안국이 가장 높은 점수를 받아서 장원이었다.
>
> 「바보 신랑 성공기」

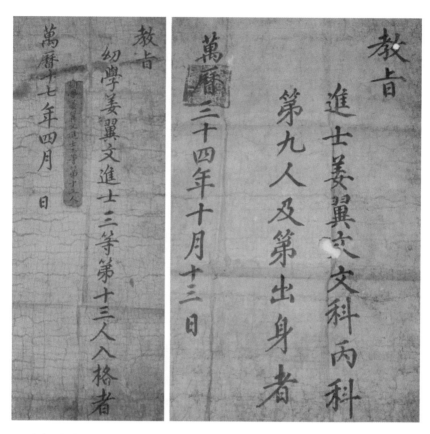

강익문이 사마시 진사시에 응시하여 받은 백패, 진사 강익문이 문과에 응시하여 받은 홍패.
〈강익문 백패와 홍패〉 문화재청

　이 두 이야기에 나오는 장원급제란 사마시 1등을 했다는 뜻도 아니고, 무과에서 1등 했다는 뜻도 아니야. 당연히 문과 갑과 1인 급제자라는 뜻이야. 사마시나 무과에서 전체 수석을 차지한 사람에게는 '장원급제'라는 말을 쓸 수가 없었어. 그만큼 문과의 권위가 높았다는 것이지. 하지만 조선시대 후기에 오면서는 무과나 사마시에서 수석을 한 사람들도 장원급제라는 말을 쓰기 시작했지.

지후_아빠, 그럼 처음에 소개한 우리 조상님의 홍패에 나오는 '문과병과제2인급제출신자'라는 말은 '문과에 응시하여 병과에서 두 번째로 합격했다는 뜻이네?

그렇지. 33명의 합격자 중에서 병과로 합격했다는 뜻이야.

지후_아빠, 그럼 그 할아버지는 갑과 3인, 을과 7인에는 들지 못하고 병과에 들었다는 뜻이네?

그래도 병과에 두 번째이니까 성적은 아주 좋은 편이야. 전체 12등이라는 것을 알 수 있어. 문과 3명, 을과 7명을 합치면 10명이잖아? 거기에다 병과 2등이니까, 전체 12등이지?

그렇게 과거시험이 끝나고 난 뒤에는 당사자들은 물론이요 일반 국민들도 그 결과를 기다렸어. 그래서 정부에서도 최대한 빨리 합격자를 알렸는데, 옛날에는 휴대폰도 없었고 우체부도 없었기 때문에 요즘처럼 빨리 알릴 수는 없었지. 그래서 나름대로 빨리 알릴 수 있는 방법을 생각해냈어. 우선 합격자들을 종이에 써서 대궐문이나 동대문 또는 사람이 많이 다니는 곳에 붙여서 알린 거야. 그렇게 해서 사람들의 눈과 귀를 통해서 수험생한테 알려지는 방법이 있었고, 또 한 가지는 관리가 직접 말을 타고 가서 당사자에게 합격 사실을 알려주었어.

자, 그럼 사마시의 합격증인 백패와 문과 합격증인 홍패를 비교해보자. 이것은 〈강익문 백패와 홍패〉인데, 이렇게 한 사람의 백패와 홍패를 다 볼 수 있는 경우는 많지 않아.

백패부터 보면 강익문이 진사시에 응시하여 3등 13인으로 합격했다는 내용이야. 사마시는 1등이 5명, 2등이 25명, 3등이 70명을 뽑으니까, 3등 13인이라면 전체 43등이라는 뜻이지.

홍패를 보면 진사 강익문이 문과병과제9인으로 급제했다고 적혀 있어. 문과 병과까지 합치면 전체 19등, 33명 중 19번째로 급제했다는 의미야. 강익문은 더 어려운 시험이었던 문과의 성적이 사마시보다 더 좋아졌음을 알 수 있어. 전체 43등에서 19등으로 올라갔잖아.

4

조선 최고의 도시 한양을
시가행진하는 합격자들

아이들은 과거에 장원급제하여 암행어사가 되는 꿈을 꾸고 살았다. 이런 놀이는 해방 후까지도 이어졌다.
〈백동자도〉 국립민속박물관

최연소 급제자와
최고령 급제자

그렇다면 어떻게 해야 시험을 잘 볼 수가 있었을까?

과장에 들어간 시백은 시험문제를 한 번 보고 나서 곧바로 붓을 잡았나. 단숨에 힘차고 시원하게 죽 써 내려가 누구보다도 먼저 글을 마무리하였다.

「박씨전」

시험문제를 본 이 도령은 먹을 갈고 붓을 꺼내 한달음에 휘갈겨 제일 먼저 답안을 제출하였다.

「춘향전」

옛이야기 속에서 장원급제한 사람들을 보면 그렇게 한결같이 자신감 있게 글을 썼다고 했어. 그건 예나 지금이나 마찬가지야. 더구나 옛날 시험은 다 주관식이었기 때문에 자신감이 없으면 절대 좋은 성적을 낼 수가 없었어.

그렇다면 과거시험 최연소 급제자의 나이는 몇 살쯤 될까?

강화 출신인 이건창1852~1898은 어려서부터 할아버지에게 공부를 배웠으며 다섯 살 때부터 자유롭게 글을 지었대. 그는 열다섯 살 때 문과에 합격했어. 그러나 너무 어려서 바로 관직에 나가지 못하고 3년간 발령 대기 상태로 지내다가 열여덟 살에서야 첫 관직에 나설 수 있었어.

지후_ 아아, 열다섯 살이라면 아무리 천재라고 해도 관직을 맡기는 것은 좀 그렇지. 열다섯 살이 뭘 알겠어. 더구나 관직에 있는 다른 사람들은 나이가 훨씬 많을 텐데, 열다섯 살 아이가 자기보다 높은 직급으로 들어오면 진짜 난감할 것 같아.

열여덟 살 때 문과 장원급제한 박호1567~1592도 세상을 놀라게 했지. 박호는 최연소 문과 장원급제를 한 사람이야.

소연_ 이건창이라는 사람보다는 나이가 많잖아요? 이건창은 열다섯 살에 문과에 합격했다면서요?

아, 그렇지. 하지만 장원은 아니었어. 이건창은 열다섯 살에 문과에 합격했고, 박호는 나이는 더 많았지만 장원급제잖아? 당시 시험관이었던 박순1523~1589은 이런 사실이 믿어지지 않았어.

박순은 고민하다가 박호를 따로 불러서 시제를 불러주고 시를 지어보라고 했더니, 놀랍게도 막힘없이 글을 써 내려가는 거야. 그제야 인정하지 않을 수 없었어.

그럼 문과에 급제하는 평균 나이는 얼마나 될까? 조선시대 과거 급제자들의 통계를 내보면 일반적으로 35세가 넘는단다. 사실 35세 정도에 문과에 급제한다는 것도 대단히 우수하다고 할 수 있어.

고종 17년 문과에 급제한 정순교는 86세였어. 요즘도 86세라고 하면 많은 나이인데 평균 사망 연령이 50대였던 당시에는 어땠을까? 아마도 신선이 과거시험에 응시했을 것이라고 놀랐을 수도 있었겠지.

조선시대 최고의 스타였던
이율곡

이율곡은 과거시험이 배출한 최고의 스타란다. 조선왕조가 지금까지 계속되었다고 해도 그런 스타는 나오지 않았을 거야. 이율곡은 모두 아홉 번이나 과거시험에서 장원을 차지했거든.

소연_ 아홉 번이나요?

지후_ 아빠, 그게 가능한 일이야?

허허허, 나도 잘 모르겠구나! 아무튼 이율곡은 아홉 번 과거에서 장원급제했다고 하여 '9도장원공'이라고 불렀단다. 강릉에 있는 외가에서 신사임당의 셋째 아들로 태어난 이율곡은 어려서부터 신동 소리를 들었어. 신사임당이 우리나라 위인들 중에서 손에 꼽힐 만큼 평가를 받는 이유는 남편과 자식을 다 출세시켰기 때문이야.

이원수가 결혼을 했는데, 마누라가 기가 막히게 이뻐. 그래서 마누라하고 떨어지기 싫은데, 마누라는 자꾸 한양에 가서 과거를 보라고만 하는 거야. 하지만 마누라를 보고 한양에 가려니 발이 떨어지지 않았어. 이원수는 몇 번이나 대관령을 넘어가다가 되돌아왔어. 골짜기가 험해서 못 갔다는 둥, 호랑이를 만났다는 둥, 이런저런 핑계를 댄 거야. 그러자 마누라가 이원수한테 당신이 정 과거를 보지 않겠다고 하면, 내가 머리를 깎고 중이 되겠다고 한 거야. 그 말을 들은 이원수가 마누라한테 잘못했다고 하고는 한양으로 가서 과거에 합격했대. 그 마누라가 바로 신사임당이야. 당연히 아들인 율곡도 일찍부터 공부를 시켜서 천재로 만들어낸 것이지. 타고난 머리도 있었겠지만 신사임당 같은 어머니를 만나지 않았으면 어림없었을 것이야.

이 이야기는 내가 어린 시절에 들은 것인데, 그와 비슷한 이야기가 전국에 많이 전해지고 있단다. 이율곡은 13세에 진사시 초시에 장원으로 합격했어.

소연_ 열세 살이요? 와아, 그게 가능한 일인가요?

조선시대 가장 소문난 천재, 아홉 번이나 과거에 장원급제한
이율곡도 오르지 못한 정승의 상징인 모란공작 흉배

지후_외계인이다, 외계인!

그것도 생원시도 아니고 진사시였으니 그야말로 세상을 깜짝 놀라게 한 것이지. 단순히 머리가 좋았으면 달달달 외워서 시험 보는 생원시가 훨씬 더 유리하잖아? 근데 진사시는 자신의 생각을 논리적인 글로 쓰는 것이라, 머리도 좋아야 하지만 생각하는 것이 깊어야 해. 열세 살 아이가 전국에서 내로라하는 선비들하고 겨뤄서 장원을 했으니, 전국으로 천재가 탄생했다는 소문이 퍼질 수밖에 없었어.

사실 그 정도면 궁궐에 있는 왕도 관심을 가졌을 것이고, 한양에 있는 내로라하는 양반들이 사윗감으로 점찍었을 거야. 근데 당사자는 어머니가 돌아가시자마자 불교와 유교 사이에서 많은 방황을 했어. 불교는 불온한 사상이라 금지하던 시절이니 더 힘들어했지.

그렇게 방황하다가 스물한 살 때 진사시 복시에서 장원을 했고, 그때부터 시험이란 시험은 거의 다 응시했는데 볼 때마다 장원이었어.

생원시에 다시 응시하여 초시와 복시 모두 장원한 것은 말할 것도 없고, 문과 시험의 초시, 복시, 전시까지 다 휩쓸어버렸어. 그런 식으로 아홉 번이나 각종 시험을 보았는데, 모두 장원을 차지한 거야. 조선왕조 500년을 통틀어 딱 한 명만 나온 대기록이야.

소연_ 만약 이율곡이 요즘 태어났다면 어땠을까요? 아홉 번이나 과거에 응시하여 장원급제했다는 『9도장원공 이율곡의 공부법』이라는 책을 냈으면 엄청 팔렸겠네요. "저는 과외공부나 학원은 가지 않고 그냥 교과서를 충실하게 봤습니다." 하고 책을 내면 되잖아요.

지후_ 소연아, 그런 이야기는 그만하자. 짜증나. 난, 공부 잘하는 사람은 별로야.

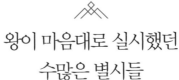

왕이 마음대로 실시했던
수많은 별시들

이때는 태평성대였다. 어진 임금이 다스리는 평화로운 세상에 나라의 경사가 있어 특별 과거가 실시되었다. 이에 윤필과 윤석은 과거에 참여하여 장원급제하였다. 임금은 훌륭한 인재가 나타났다고 하여 그들을 한림학사로 임명하였다.

「장화홍련전」

춘향과 헤어진 지 3년째 되는 날 나라에 좋은 일이 있어 특별 과거를 치른다는 방이 나붙었다. 그 방을 본 이몽룡은 서둘러 수험생 등록을 하였다.

「춘향전」

여기서 특별 과거란 3년에 한 번씩 정규적으로 열리는 시험이 아니라 별도로 특별하게 열리는 시험이란다.

요즘은 대통령이 지지율이 하락하거나 새로 대통령이 되거나 하면 국민 화합 차원에서 여러 가지 선심을 베풀 수가 있어. 가령 국민들 은행 빚을 탕감해줄 수도 있고, 전기세를 인하해줄 수도 있어. 기름 값을 인하하기도 하고, 교통법규 위반을 사면해주기도 하고, 65세 이상 노인들에게 경로금을 지급하기도 하는 등 그 방법이 아주 많지.

옛날 왕들도 새로 부임하거나 또는 가뭄이나 홍수가 나서 나라가 힘들어지거나 하면 국민들에게 뭔가 선심을 베풀었는데, 그때 가장 많이 하는 것이 과거시험이야. 왕 입장에서 보면 과거시험이란 전 국민을 대상으로 하기 때문에 가장 생색내기 좋았고, 효과도 가장 좋았어.

소연_ 그럼 과거시험을 자주 열면 국민 지지도가 올라갔겠네요?
지후_ 옛날 왕들도 지지도 같은 것을 신경 썼을까?

신경 썼지. 다만 그땐 지지도라고 표현하지 않고 민심이라고 표현했단다. 왕이 정치를 잘하면 민심이 좋았고, 정치를 못하면 민심이 좋지 않았어. 옛날에도 민심이 좋지 않으면 세금을 탕감해주기도 하고, 특별 과거를 열기도 했어. 문제는 특별 과거라는 말이 무색할 정도로 너무 많이 열었다는 것이지. 그래서 국가에서도 특별 과거라는 말은 쓰지 않았고, 대신 정기적으로 보는 과거하고는 별도로 보는 시험이라고 하고 '별시'라고 불렀어. 그러니까 『장화홍련전』에 나오는 과거는 별시인 거지.

소연_ 선생님, 그럼 정기적으로 열리는 시험이나 특별 시험이나 합격하면 똑같은 대우를 받았나요?
지후_ 아빠, 그래도 정기적으로 열리는 시험에서 합격해야 더 대우를 받지 않았을까?

그렇지 않단다. 정기적으로 열리는 시험이든 특별한 시험이든 합격자들은 똑같은 대우를 받았단다. 그러니 아무거나 응시해서 합격하기만 하면 되는 거야.

별시는 대부분이 나라에 경사가 있을 때 실시했어. 나라에 경사가 있다는 것은 전쟁에서 승리했다거나 왕실에 좋은 일이 있다는 뜻이야. 결국 전쟁에서 승리한 적은 별로 없기 때문에 별시가 열리는 것은 왕실에 좋은 일이 생겼을 때 열렸어.

〈임인진연도〉는 고종 즉위 40주년을 축하하는 행사 장면이란다. 왕에 즉위하여 40년 동안 나라를 다스렸으니 대단한 경사지. 생각해보렴. 우리나라 대통령은 고작 당선되어서 5년 동안 나라를 다스린다는 거 다 알지? 그런데 40년을 다스렸다고 한다면 엄청난 일이지 않니? 그러니 과거시험을 열어서 수많은 인재를 뽑아야지.

고종의 즉위 40주년을 축하하는 잔치 장면. 〈임인진연도〉 국립고궁박물관

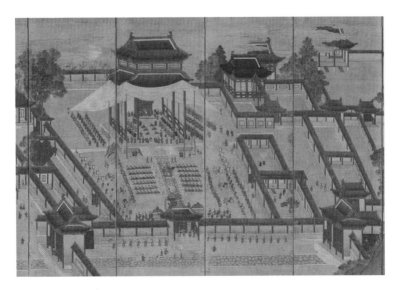

고종의 아들 순종의 탄생을 축하하는 잔치 장면. 〈왕세자탄강진하도〉 국립고궁박물관

　과거시험을 자주 열수록 국민들한테는 인기가 올라간단다. 왜냐고? 당연하잖아? 과거시험이란 국가공무원을 뽑는 시험이자, 양반으로 신분이 상승할 수 있는 기회이니까. 그러니 국민들 입장에서는 과거시험을 자주 볼수록 좋은 거 아니겠니? 3년에 한 번 보는 공무원시험을 수시로 본다고 생각해보렴. 수험생들 입장에서는 그만큼 기회가 많아지니까 좋을 것이고, 수험생을 둔 부모들도 더 좋아하지 않았겠니.

　다만 너무 자주 시험을 보게 되면 그 많은 합격자가 들어갈 관직 자리가 부족해서 문제가 발생하지. 조선시대 정부는 지금보다 훨씬 작아서 공무원이 많지 않았어. 일자리는 없는데 자꾸 시험 봐서 합격자를 배출하기만 하니 그것 또한 문제가 되지 않겠니?

그런 일은 요즘도 많이 일어난단다. 특히 선거철을 앞두고는 지나치게 공무원 합격자를 많이 배출시키곤 하지. 근데 자리가 없으니 합격을 하고 대기하고 있는 거지. 자리가 없으니까. 그런 일은 요즘도 허다하게 일어나지.

〈왕세자탄강진하도〉는 고종의 아들인 순종의 탄생을 기념하는 행사를 그린 그림이야. 왕의 뒤를 이을 사람이기 때문에 왕세자가 탄생하면 왕실에서는 크게 잔치를 열었어. 요즘 같으면 대통령의 아들이 태어났다고 해서 그런 행사를 한다는 것은 말도 안 되는 일이지만, 왕조국가에서는 그게 가장 큰 행사 중 하나였지.

> 그즈음 왕자가 탄생하자, 나라에서는 이를 축하하기 위해 특별 시험을 치르기로 하였다. 이 씨는 곧 안국에게 이 일을 알려주며 "그동안 열심히 공부하셨으니 시골에만 묻혀 있지 말고 나가서 뜻을 펼쳐보는 것이 어떻습니까?" 하고 과거에 응시할 것을 권유했다.
>
> 「바보 신랑 성공기」

그렇게 과거시험을 넣어야만 왕실 행사가 전 국민적인 행사처럼 보일 수가 있었어. 과거시험은 전 국민이 관심을 갖고 참여하는 행사이기 때문이야.

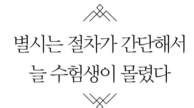

별시는 절차가 간단해서
늘 수험생이 몰렸다

또 다른 별시를 볼까? 이 그림은 너희들도 잘 아는 것이야. 〈화성능행도 병풍〉이라고 수원 화성에서 해마다 그런 행사도 하잖아?

소연_ 아, 알아요. 얼마 전에 정조 대왕이 서울에서 수원까지 이동하는 모습을 그대로 재현했잖아요? 텔레비전에서 봤어요. 그래서 그 그림도 봤어요.

지후_ 아빠, 저 그림은 나도 알아. 진짜 대단한 그림 같아.

그렇지. 하도 유명한 그림이라 웬만한 사람은 다 알 거야. 저 그림에 나오는 정조의 어머니인 혜경궁 홍 씨의 회갑 잔치도 왕실의 경사야. 그래서 정조는 수원 화성에서 별시를 열었어.

정조 어머니 혜경궁 홍씨의 회갑잔치 〈화성능행도병풍 제3폭〉 국립고궁박물관

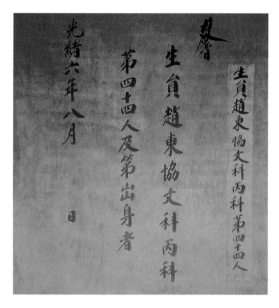

생원 조동협이 문과 별시에 응시하여 병과 제 44등으로 합격하여 받은 홍패. 별시라고 따로 표기하지 않고 정시하고 똑같은 대우를 받았다. 광서光緒 6년은 고종17년(1880)이다. 〈조동협 홍패〉국립민속박물관

별시는 정기적으로 열리는 과거시험보다 절차도 간단하고 시험 기간도 길지 않았어. 정기적으로 보는 문과 시험을 생각해보렴. 우선 초시를 통과해야만 하고, 복시에서도 3일간이나 시험을 치른 다음 맨 마지막으로 왕 앞에서 전시라는 시험을 보아야만 해. 근데 별시는 잔칫날 하루 열리는 시험이라 그런 절차가 다 무시되는 거야. 또한 수험생으로 등록하는 절차도 그만큼 간소할 수밖에 없을 것이고 까다롭지 않았어. 정기 시험을 보려면 관에 등록해야 하고, 여러 가지로 복잡하다는 거 알지? 근데 이건 주로 당일치기라서 상대적

으로 복잡하지 않다는 뜻이야. 그래서 수험생들 입장에서 보면 정기적으로 보는 시험보다는 별시를 더 선호했단다.

지후_ 아빠, 나라도 그럴 것 같아. 대접은 같은데 정기적으로 열리는 시험처럼 시험 기간이 길지도 않고, 예심도 없으니 누구나 별시를 더 선호했을 것 같아.

그래서 요행을 바라는 사람들이 대거 몰려들었단다. 또한 별시에서는 시험관의 친인척들도 응시할 수 있어서 그만큼 비리가 많았어. 채점관들이 자신들이 잘 알고 있는 수험생을 뽑을 수도 있었다는 뜻이야. 실제로 1610년(광해 2) 별시에서는 문과 급제자 19명 중 6명이 시험관들의 친인척이었어.

소연_ 아니, 그게 말이 되나요? 원래는 시험감독관 친인척들은 과거에 응시할 수 없는 거잖아요? 근데 친인척들도 자유롭게 응시했다는 거잖아요?

그렇단다. 시험에 관여하는 관리들 친인척은 응시할 수 없었는데, 별시에서는 그런 조항이 사라진 거야. 그러니 부정시험을 하려고 마음만 먹으면 얼마든지 가능했다는 거지.

소연_ 아빠, 그럼 정기적으로 열리는 시험에 응시하는 것은 바보

네. 3년마다 열리는 것을 기다릴 필요 없이, 그때그때 열리는 별시를 염두에 두고 공부하겠네.

지후야, 그래서 조선시대 입시 전문가라고 할 수 있는 족집게 선생님들도 정시보다는 별시를 더 이용하라고 권유하였어. 게다가 별시는 수시로 열리기 때문에 양반들은 한양에 체류하면서 별시가 열리는 대로 시험을 보았지.

문과 정시에는 33명을 뽑았는데, 별시에서는 인원도 정해진 게아니야. 그날 분위기에 따라서 더 적게 뽑기도 하고, 훨씬 더 많이뽑기도 했거든. 조선시대 문과 급제자들 중에서 정시 합격자가 약40퍼센트, 별시가 60퍼센트였으니까, 관직에 있는 사람들은 별시출신자들이 압도적으로 많았다는 뜻이기도 해.

옛이야기에
가장 많이 나오는 알성시

자, 이번에는 쉬어가는 의미에서 내가 옛날이야기를 읽어줄게.

그렇게 10년을 공부했어. 옛날에는 과거를 한번 보려면 그
정도는 공부를 했어. 그래가지고 과거를 보는디, 마침 알
성시가 열렸단 말여. 알성시에서 급제하는 것이 과거 중에
서 최고로 영광이었어. 임금이 직접 참관해서 상을 주는
것잉께.

「딸이 신랑 고른 이야기」

하도 남편이 공부를 하지 않으니까 아내가 "아, 대장부로
태어나서는 나라에 녹을 먹어야 한다고."고 설득했어. 그

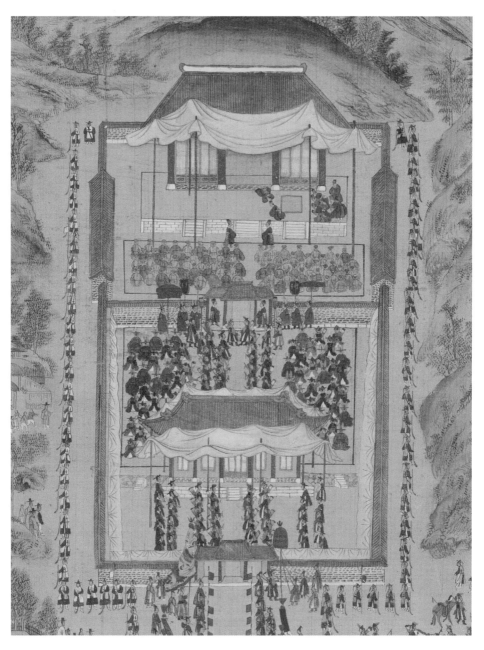

수원 화성 명륜당에 참배하는 장면. 〈화성능행도병풍 제1폭〉 국립고궁박물관

렇지 않으면 무술을 잘해서 무과라도 응시하던가 해야지, 이것도 저것도 아니면 상인밖에 하지 못한다. 그러니까 공부하라고. 10년은 한번 참고 공부해보라고. 그래서 남편이 맘 잡고 공부해서 과거를 봤는데, 그것이 알성시에서 급제를 해서 어사가 되었어.

「돈 천 냥에 정승 딸과 결혼해 팔도어사 된 사람」

뭐 대충 그런 내용이란다. 이 이야기에도 과거시험을 봤다는 내용이 나오는데, 모두 알성시를 봤다고 나와. 근데 이 이야기뿐만 아니라 다른 옛이야기에도 알성시라는 말이 아주 많이 등장하지.

지후_아빠, 알성시라는 것도 별도로 보는 시험이었지? 어쩐지 그런 생각이 들어.

그래, 알성시라는 시험은 별시였어. 원래 알성시란 왕이 성균관에 가서 공자의 사당을 참배할 때 본 과거시험이란다.

소연_선생님, 왕이 공자 사당을 참배할 때도 과거를 열었어요?

공자는 조선시대 지배층의 정신적인 지주였잖아. 그래서 왕이 공자 사당을 참배하거나 중국에서 사절단이 와서 공자 사당을 참배할 때도 과거를 열었던 거야. 처음에는 성균관 학생들만을 대상으로 시험을 보았는데 다른 사람들이 불만을 터트렸어. 너무 성균관 학생들에게만 특혜를 주는 것 아니냐고. 그래서 나중에는 전 국민을 대상으로 하게 된 것이지. 이항복이 성균관에서 청강생으로 5년 동안 공부하다가 응시한 시험이 바로 알성시란다. 그러니까 이항복은 엄청난 특혜를 받은 셈이지.

이 시험을 특이하게도 '촉각시'라고도 하는데 금이 그어진 촛불을 피워놓고 그 금까지 불이 타들어가면 시험이 종료되는 형식이야.

소연_ 선생님, 근데요, 『딸이 신랑 고른 이야기』에서 보면 왕이 직접 참관해서 보는 시험이라 알성시가 최고라는 대목이 나오잖아요? 근데 그건 잘못 안 거 아닌가요? 모든 과거시험에서도 마지막 단계에서는 왕이 직접 참관하고 문제도 직접 출제하잖아요?

당근이지. 이것은 과거시험에 대해서 확실하게 모르는 사람들이 하는 말이야. 과거시험 중에서 어떤 시험을 더 중시하고 그런 건 없었어. 당연히 알성시를 최고로 쳐주지도 않았지.

아무튼 이 밖에도 별시는 아주 많았어.

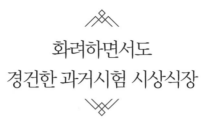

화려하면서도
경건한 과거시험 시상식장

이제 시상식장으로 가볼까? 〈화성능행도, 과거시험 시상식장〉은 행
궁에서 열린 별시의 시상식 장면인데 한양 궁궐에서 열린 것이랑
똑같아. 그곳에는 어마어마하게 많은 사람이 모여 있잖아? 잔잔하
게 음악이 울려 퍼지고 '황룡기'나 '교룡기' 또는 '현무기'처럼 왕을
상징하는 깃발을 든 의장대가 보이지? 시상식장에는 붉은색 왕의
의자가 놓여 있으며, 그 뒤쪽으로는 〈일월오봉도〉 병풍이 둘러싸고
있어.

지후_ 아빠, 그 주위에 활을 들고 있는 병사들이 경호원들이지?

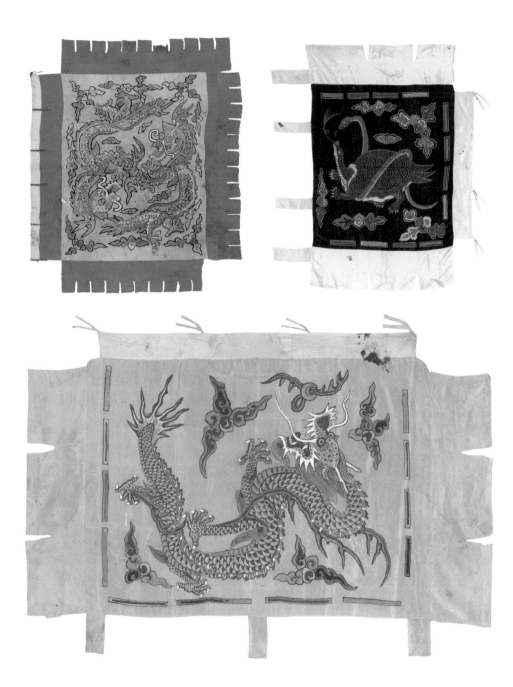

과거시험 수상식장에 꽂혀 있는 의장기들 〈교룡기〉〈현무기〉〈황룡기〉 국립고궁박물관

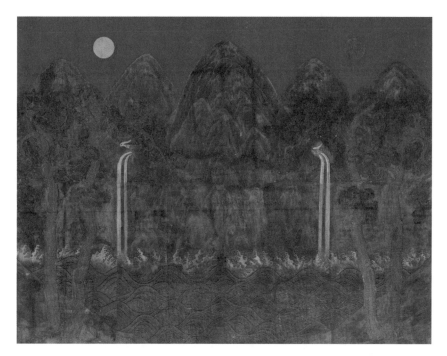

왕이 앉는 의자 뒤에 걸려 있는 〈일월오봉도〉 국립고궁박물관

그래, 조선에서 가장 활을 잘 쏘는 최정예 병사들이야. 시상대 바로 아래쪽 계단으로 내려가보면 좌우측에 뭔가 특별한 것이 놓여 있을 거야. 그게 뭔지 찾아보렴.

소연_ 어, 뭘까요? 선생님, 뭔가 알록달록한 게 보이네요? 무슨 꽃 같은데요?

지후_ 혹시, 저 꽃을 합격자들에게 주는 거야? 옛날에도 꽃다발을 주었어?

문무과 과거에 합격한 사람들만 받는 어사화, 어사화 보관함, 복두, 국립민속박물관

딩동댕! 맞았어. 옛날에도 합격자들에게 축하의 꽃다발을 주었단다. 저 꽃은 아주 특별한 것이야. 야생에서는 존재하지 않는 꽃인데, 이렇게 과거에 급제한 수상자들에게만 왕이 내리는 상상의 꽃이란다. 그래서 어사화라고 불러.

지후_ 오! 상상의 꽃이구나!

어사화는 대나무를 가늘게 쪼갠 댓가지에 여러 가지 물이 든 종이를 오려 반으로 접어서 붙여 만든단다. 야생화 못지않게 화려하면서도 은은한 분위기를 풍기지. 어사화의 멋은 댓가지가 하늘로

솟아오르면서 뒤로 약간 휘어지는 것이야. 저렇게 하기 위해서는 댓가지를 가늘게 쪼갠 다음 구부려서 불에 살짝 구워내는 기술이 필요해. 대나무는 특유의 탄력이 있으면서도 잘 부러지지 않거든. 합격자들은 '복두'라는 모자를 쓰고서 왕이 주는 어사화를 받았어. 복두는 어사화를 끼울 수 있도록 특수하게 만들어진 모자거든.

소연_아, 그러니까 저 꽃은 손으로 받는 게 아니라 모자로 받는 것 이네요?

　그렇다고 볼 수 있어. 모자 양쪽에는 어사화를 끼울 수 있는 고리가 튼튼하게 만들어져 있거든. 그곳에다 어사화를 끼우는 거야. 어사화는 그렇게 복두하고 결합이 되어야만 비로소 살아 있는 꽃처럼 보이지.
　〈과거시험 시상식장〉을 보면 어사화를 받아서 복두에다 착용을 한 수상자들이 보이지?

소연_와아, 근사하네요! 우리는 꽃을 항상 손으로 받는 것이라고 만 생각하잖아요? 근데 저것을 모자에다 꽂았다니!
지후_진짜, 나름 멋있네! 근데 수상자가 엄청 많네.

　그건 문과와 무과 합격자들이 다 모여 있기 때문이란다.

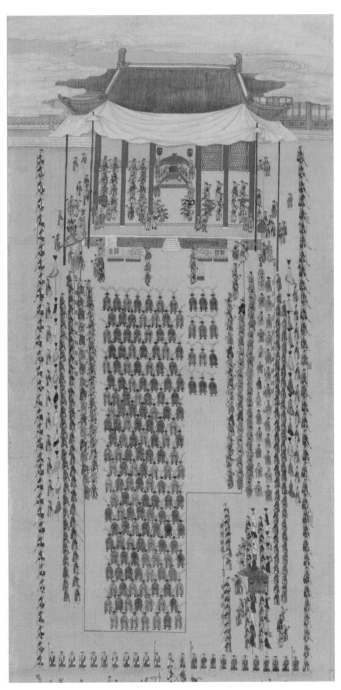

수원 화성 별시에 응시하여 합격한 문무과 합격자들이 도열해 있다.
〈화성능행도병풍 제2폭〉 국립고궁박물관

과거는 나라를 이끌어갈 인재를 뽑는 것이므로 엄숙하면서도 장엄하게 진행해. 이런 날은 궁중음악대가 빠질 수 없지. 〈과거시험 시상식장〉을 보면 궁중음악대가 보이는데, 수상자들 옆쪽 대열에 서서 여러 가지 악기를 연주하며 분위기를 돋우지.

요즘은 백일장 시상식을 할 때 상의 등급이 낮은 것부터 하고 최우수상은 맨 나중에 하잖아? 그런 게 시대에 따라 달라. 옛날에는 장원부터 성적순으로 이름을 불렀거든. 한 사람씩 수상자가 발표될 때마다 호위 군사들이 일제히 그 이름을 받아 더 큰 소리로 외치면서 분위기를 띄우는 거야. "장원급제자 김소연!" 하고 사회자가 부르면 주위에 있는 수많은 병사가 "장원급제자 김소연!" 하고 우렁차게 불러서 분위기를 띄운다는 뜻이야.

앞으로 나간 수상자에게는 상장인 홍패가 지급되고 어사화 그리고 왕이 술까지 따라준단다. 〈과거시험 시상식장〉을 다시 보면 어사화가 놓여 있는 테이블 아래쪽에 하얀 술잔이 놓여 있는 게 보일 거야. 그게 바로 수상자들에게 내리는 술잔이야. 장원급제를 한 사람에게는 특별한 선물이 주어졌는데, 그게 바로 햇살을 가리는 '일산'이야.

지후_아빠, 일산이라고? 일산 신도시가 아니고?

우리 지후가 아재개그를 하네! 요즘은 일산을 양산이라고 부르지.

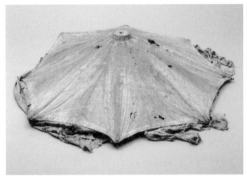

문과 장원한 사람에게 주는 상품. 〈일산〉 국립민속박물관

지후_ 아, 햇볕을 가리는 양산, 근데 장원을 한 사람에게 고작 선물
이 양산이라니, 너무 시시한 거 아냐?

　물론 그렇게 생각할 수도 있지만 일산을 아무나 쓰고 다니는 게
아니야. 일산은 지체 높은 양반이나 쓰는 것이었지 상민이 쓰고 다
녔다가는 큰 봉변을 당했단다. 일산은 그 자체가 높은 계급을 상징
해. 게다가 왕이 내린 것이니, 그걸 쓰고 나가면 모든 사람이 다 우
러러보았지.
　이번에는 맨 아래 구경꾼들을 보자. 유생들도 보이고 갓을 쓴 사
람들도 보이지? 저 중에는 과거를 봤다가 떨어진 사람도 있을 거야.
여자들도 제법 보이네. 옛날에는 불행하게도 여자들은 과거시험을
볼 수 없었지만 관심은 다들 많았지. 이렇게 사람이 많은 곳이면 늘
엿장수도 있기 마련이야. 그날 엿장수들한테는 대목인 셈이지. 그래

과거시험 시상식을 보기 위해 모여든 구경꾼들.
〈화성능행도병풍 제2폭 과거시험시상식장 세부도〉 국립고궁박물관

서 과거시험 보는 날 화가는 엿장수를 빠트리지 않고 그려 넣은 거야. 그 그림은 과거시험에 대한 생생한 기록인 셈이야. 옛날에는 마땅히 먹을 것이 많지 않았기 때문에 과거시험이 끝나면 어른들도 엿을 많이 사먹었어. 그 시절에 엿은 국민 군것질거리라고 해도 틀린 말은 아니야.

소연_ 엿이, 국민 군것질거리라고요? 재밌네요!

지후_ 아빠, 옛날에도 시험에 잘 붙으라고 엿을 많이 사먹었던 것 아닐까? 요새 대학 입시 보는 날 시험장 정문에 가보면 엿을 붙여놓고 막 그러잖아?

소연_ 야아, 지후 네 말 듣고 보니 그것도 일리가 있네! 시험 보기 전날 수험생한테 엿 주는 풍속도 그때 생겨난 건가?

난, 거기까지는 생각하지 못했는데 너희들 이야기를 듣고 보니 그럴 수도 있겠다는 생각이 드는구나! 그래, 어쩌면 옛날에도 시험 보기 전날 수험생한테 엿을 선물했을지도 모르겠다, 언제 나도 자료를 찾아봐야겠는걸.

수험생들이 꿈꾸는
가장 화려한 날

시상식을 마친 합격자들은 그 다음 날 다시 모여 궁궐에 들어가서 왕에게 감사의 인사를 드리고, 공자의 사당을 참배해야 한단다. 그러고 나면 가장 화려한 행사인 시가행진이 기다리고 있어. 조선 최고의 노시인 한양의 거리를 요란하게 행진한다는 것이야말로 합격자들만이 누리는 영예로운 특권이지.

시백은 머리에 어사화를 꽂고, 푸른 비단 금과 옥으로 된 띠를 두르고 말 위에 높이 앉아 있었다. 청색과 홍색이 어우러진 깃발을 앞세웠으며, 악대들이 앞뒤 좌우에서 풍악을 울려 온 한양을 떠들썩하게 하였다. 장원급제자의 자태는 하늘에서 내려온 신선 같아서 구경하는 이들이 부러워하고

과거 합격자들을 축하해주면서 정부의 과거시험 정책을 널리 알리기 위해서
정부 주도로 화려하게 행사를 준비했다. 과거 합격 후 시가행진하는 모습.
〈문관평생도 삼일유가〉 김홍도, 국립중앙박물관

칭찬하는 소리가 끊이지 않았다.

「박씨전」

이것은 『박씨전』에 나오는 한 대목으로 과거에 합격한 사람이 시가행진하는 모습을 묘사하고 있는 거야. 과거시험을 준비하는 사람이라면 누구나 꿈꾸는 대목이란다. 문관평생도인 〈삼일유가〉는 그렇게 시가행진하는 모습을 그린 것이란다. 수상자들은 말을 타고 갔는데, 역시 성적에 따라서 약간 달랐어.

장원을 했다면 가장 좋은 백마를 탔을 거야. 모두가 부러워하는 모습이었어. 이 그림 좀 보렴. 말을 탄 수상자는 어사화가 치렁치렁 늘어진 복두를 쓰고 있고, 그 주위에는 풍물패와 광대들이 춤을 추면서 흥을 돋우고 있구나!

지후_ 아빠, 근데 왜 과거 합격자가 한 사람뿐이야?

소연_ 맞아요. 합격한 사람이 다 같이 시가행진을 하는 거잖아요?

그림에는 한 사람만 등장하지만 보이지 않는 곳에 또 다른 합격자가 따라오고 있을 거야. 아마 저 사람은 문과 장원이겠지. 대표로 문과 장원을 한 사람만 그린 거야.

요즘은 잘 안 하지만 우리나라에서도 예전에는 이런 시가행진을 종종 볼 수 있었어. 특히 올림픽이 끝나고 나면 메달을 딴 선수들의 시가행진이 벌어지는데, 금메달을 딴 선수부터 꽃으로 치장된 차를 타고 시가행진을 했었지. 그런 것이랑 똑같다고 생각하면 돼.

소연_선생님, 저도 운동선수들이 시가행진하는 거 어렸을 때 본 적이 있어요. 그때는 제가 지방 도시에서 살았는데, 프로야구 선수들이 카퍼레이드를 벌였어요. 그때 우승했거든요. 그 지역 팀이요. 미국에서도 이런 카퍼레이드를 하는 것 같던데요?

지후_아빠, 근데 옛날 시가행진이 더 근사한 것 같아. 차를 타고 가는 것도 좋지만, 저렇게 말을 타고 가는 것이 훨씬 더 멋져 보여.

누구나 그럴 거야. 근데 말을 탄 합격자는 어사화를 무척 신경 썼단다. 그 꽃이 핵심이거든. 왕이 준 꽃모자라는 것을 모든 국민에게 알리고 자랑하는 것이니까. 바람이 아주 심하게 불 경우 날아가서 떨어질 수도 있기 때문에 어사화 끝을 입에 물고 다니기도 했어. 어사화가 약간 둥그렇게 휘어진 것도 입에 물기 좋도록 하기 위해서야. 그러니 운동선수들이 카퍼레이드할 때 목에 둘러진 꽃다발하고는 차원이 다른 거야. 감히 비교할 수가 없지.

고향으로 이어지는
환영 행사들

과거 합격 소식을 알려주는 곳은 관청이란다. 한양에서 각종 행사를 마친 합격자들은 고향으로 내려가는데, 창부라고 하는 광대들이 붙어 다니지. 김준근의 〈과거하는 사람〉은 급제자가 관청에서 파견한 관리와 함께 자기 집으로 가고 있는 장면인데, 여기에는 나오지 않지만 광대도 같이 동행하고 있을 거야.

과거시험에 응시할 수 있는 자격조차 없는 광대들이 합격자에게는 아주 중요한 사람이야. 합격자가 집으로 들어가면 광대가 깜짝 주연으로 출연하거든. 광대는 큰소리로 과거 합격을 알리고 작은 상을 가져오라고 소리치지. 아무리 높은 양반집이라고 해도 광대는 주눅 들지 않은 목소리로 외치지. 그런 다음 상에다 쌀과 홍패를 올려놓고 합격자에게 절을 하게 하는 거야. 광대가 합격자 집안 내력

과거에 합격해서 시상식을 하고 귀가하는 모습.
〈과거하는 사람〉 김준근, 국립민속박물관

과 한양에서 치러진 과거에 대한 이야기, 그리고 관직에 나가서 백
성의 아픔을 잘 어루만져주는 관리가 되라는 덕담을 늘어놓는단다.
당연히 광대이기 때문에 장단에 맞춰 노래로 흥얼거리겠지. 이것을
홍패고사라고 했는데, 광대가 맘대로 이끌어가는 행사란다.

　가장 하층민인 광대가 과거 합격자를 상대로 그런 덕담을 한다는
것 자체가 현실하고는 어울리지 않지만, 합격자의 집안 어른들은
흐뭇하게 그 덕담을 듣고 광대들을 후하게 대접해서 마중까지 해주
지. 광대들이 합격자에게 새로운 기운을 북돋아준다고 생각한 거야.

윤필과 윤석 형제는 한양에서의 축하 행사를 마치고 고향으로 돌아왔다. 윤석과 윤필의 아버지는 크게 잔치를 열어 친척과 친구들을 모두 청하여 즐겼다. 고을 수령 역시 급제자들을 불러서 잔치를 열어주고 그 노고를 치하해주었다.

「장화홍련전」

너희들 『장화홍련전』은 모두 다 알지? 서양의 『백설공주』랑 거의 비슷한 이야기잖아? 거기에도 과거 보는 장면이 나와. 우리 옛이야기에서 과거시험이 빠지면 재미없어져. 주인공들은 반드시 과거시험에 합격해서 어사가 된 다음 억울하게 살아가는 사람들의 아픈 가슴을 어루만져주는 역할을 한다는 것이 옛이야기의 공식이잖아?

『장화홍련전』에 나오듯이 고을 수령은 특별히 날을 잡아서 합격자에게 큰 잔치를 열어주지. 합격자는 관에서 마련해준 음식을 들고 조상의 묘에 가서 참배를 하기도 했어. 자기 친족뿐만 아니라 외가 쪽 조상들의 묘까지 다 찾아간단다. 그리고 수많은 친척과 주위의 어른들을 찾아다니면서 감사 인사를 드리고, 밤마다 친구들을 불러서 술을 마시며 이야기꽃을 피우다 보면 한 달 이상의 시간이 흘러버리지.

소연_ 와아, 진짜 날마다 술을 마시겠네요? 우리 오빠가 군대 갔다가 첫 휴가가 나왔는데, 하루도 빠지지 않고 술 먹다가 결국 술

병 나서 치료받고 들어갔잖아요.

　소연아, 네 말이 맞아. 인간이 기계가 아닌 이상 당연한 일이야.
그런 행사를 다 끝내고 나면 아무리 체력이 좋은 사람이라고 해도
술병이 나서 앓아눕게 된단다. 그래서 한때는 왕이 이런 행사를 금
지한 적도 있어. 합격자가 여기저기 인사 다니면서 너무 많은 술을
마시다 보니 건강이 안 좋아지기 때문이야. 그래서 정작 관리로 임
명되었을 때는 아파서 일을 시작하지 못하는 일이 종종 발생했거든.

소연_ 선생님, 우리나라 사람들은 술 마시는 것도 옛날이나 지금
　　　이나 똑같은 것 같네요! 전 아직 어려서 술을 마셔본 적은 없
　　　지만, 텔레비전이나 영화를 보면 특히 여자들한테 강제로 막
　　　술을 권하는 장면이 나오는데 너무 싫어요. 특히 직장 상사

과거에 합격해서 신임관리가 되어 행차하는 풍경. 〈신임관리행차도〉 김홍도, 국립중앙박물관

들이 그렇게 한다고 하던데…….

　멋스럽게 술 마시는 법을 모르기 때문이야. 술 그 자체보다도 술 마시는 분위기를 즐기면서 다 같이 즐거워야 하는데, 우린 술을 마시면 '누가 누가 더 술을 잘 마시나' 시합하는 것 같잖아? 나도 그래서 술자리가 부담스러울 때가 많단다.

　어쨌거나 합격자들은 쉴 틈이 없었단다. 특히 문과 갑과 제1인 급제자, 제2인 급제자, 제3인 급제자는 곧바로 관직이 주어지기 때문에 신임관리로 나아가야 했고, 을과나 병과에 급제한 이들도 저마다 관청에 배속되어 수습기간을 거쳐야 했어. 김홍도의 〈신임관리행차도〉처럼 화려한 행렬을 이끌고 부임하려면 갑과에 1, 2, 3등을 해야만 해. 신임관리는 마차를 타고 있고 그의 아내는 백마를 타고 뒤따르는 것이 보이지? 조선시대 모든 사람들이 꿈꾸던 장면이지.

5

모두에게 신분 상승을
가능하게 해준 시험

온갖 크고 작은 전쟁에 나가
큰 공을 세우고 귀향하는
무관의 모습.
〈무관평생도 8폭〉 국립민속박물관

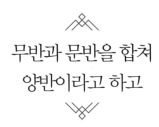

무반과 문반을 합쳐
양반이라고 하고

예나 지금이나 국가공무원이란 아주 다양하단다. 학교 선생님부터 청와대에 들어가서 음식을 만드는 사람들까지, 또한 나라를 다스리는 군인부터 치안을 담당하는 경찰까지. 그중에서도 나라를 지키는 군인들 특히 고위 군관들을 뽑는 시험이 있어야 하잖아? 그것이 바로 무과 시험이야. 무과를 통해 장교들을 배출하는 거야.

지후_아빠, 그럼 옛날에는 장교가 되려면 육군사관학교 같은 곳을 나와야 하는 게 아니라 장교 시험을 봐야 했구나?

소연_육군사관학교 같은 곳이 없지 않았나? 그죠, 선생님?

그래, 옛날에는 장교를 배출하는 사관학교가 없었어. 그래서 무과를 만들어서 장교들을 배출한 거야. 하지만 문과 출신 관료들은 늘 무과 출신자들을 무시했어. 과거시험이란 학문의 깊이를 평가하는 제도인데 창이나 칼은 잘 쓰지만 무식한 것들을 뽑게 되면 과거의 질이 떨어진다고 한 거야. 그래서 무과에도 유교 경전을 테스트하는 필기시험이 추가된 거지. 무관들은 그것 때문에 늘 불만이 많았어.

"아니, 전쟁이 났을 때 오랑캐들을 잘 무찌르면 되는 것이지, 공자나 맹자 사상을 골치 아프게 많이 알아서 뭐해!"

"그런 것은 문관들이나 필요한 것 아닌가. 우린 활 잘 쏘고 창을 잘 쓰면 되는 것이지."

그래도 무관들은 힘이 약하기 때문에 어쩔 수가 없었어.

> 본래 양반은 여러 가지로 불리는데, 글만 읽는 양반은 선비라고 하고, 벼슬살이하는 양반은 대부라고 하고, 덕이 높은 양반은 군자라 하느니라. 임금 앞에 나아가 무반은 서쪽에 서고, 문반은 동쪽에 늘어서니, 이 양쪽을 통틀어 양반이라 하느니라.
>
> 「양반전」

지후_ 아빠, 양반이 무관이랑 문반을 같이 부르는 말이라고?
소연_ 선생님, 박지원의 『양반전』에 나오는 문반은 문과 출신이고 무반은 무과 출신이죠? 지후 말처럼 그 둘을 합쳐서 양반이

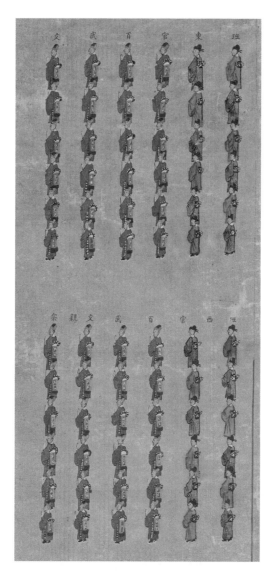

문반과 무반이 동쪽과 서쪽으로 갈라져 있는 모습.
〈종묘친제규제도설 병풍 5폭〉 국립고궁박물관

라고 했다는 거죠?

그래, 문반 무반 양쪽 다 양반이라는 뜻이야. 사실 우리나라 국민 대부분이 양반이라는 말뜻을 제대로 모르고 있단다. 『양반전』에 나오듯이 문반은 떠오른 해와 같다고 하여 항상 동쪽에 서게 하였고, 무반은 지는 해와 같다고 하여 서쪽에 서게 했지. 〈종묘친제규제도설 병풍〉이라는 그림은 종묘에서 왕이 제사를 지내기 위해 관리들이 모여 있는 장면이야.

소연_ 선생님, 줄 서 있는 관리들 머리 쪽에 '문무백관동반', '종친문무백관서반'이라고 적혀 있어요.

문무백관이란 문관과 무관을 합친 양반이라는 뜻이고, 동반은 문관을 의미해. 반대로 서반은 무관을 의미하겠지. 그러니까 문무백관동반은 문관을 의미하고, 문무백관서반은 무관들이야. 종친문무백관서반은 무관들이랑 종친들이 같은 줄에 서 있다는 뜻이지.

이렇게 조정에서 행사를 할 때는 관리들이 왕을 향해 동서로 모였어. 동쪽은 문관들 자리고 서쪽은 무관들 자리야. 문관들이 해가 떠오르는 동쪽에 선 것은 그만큼 그들을 우대했다는 뜻이야. 같은 양반이라고 해도 격이 달랐음을 알 수 있지.

무과의
기본 과목은 활쏘기

무과는 문과에 비해서 시험과목도 간단하고 절차도 복잡하지 않았단다. 더구나 사마시에 해당하는 과거시험이 없었고, 문과하고 똑같이 초시와 복시, 전시 이렇게 3단계 시험을 거쳐서 급제자를 결정했어.

지후_아빠, 그러니까 문과에 합격하기 위해서는 사마시를 통과해야만 하는데 무과는 그런 시험이 없었다는 말이지?

그래, 정확하게 이해하고 있구나!

지후_그럼 문과에 합격한 사람들 입장에서 보면 무관들을 한 수 아래로 내려다볼 만하네. 자기네들은 사마시부터 엄청 많은 시험을 봐서 과거에 합격했는데, 무과는 그렇지 않잖아? 그러니 그런 생각이 드는 것도 이해가 되는데.

무관들도 스스로 그런 생각을 했단다. 분명한 것은 문과에 비해서 상대적으로 합격하기가 수월했거든. 그래서 문관들이 무시해도 노골적으로 반기를 들 수는 없었던 거지.

무과도 초시와 복시 그리고 전시로 나누어졌어. 당연히 초시는 전국에서 치러졌고, 지역 안배도 했지. 〈함흥에서의 무과 시험〉은 국경에서 가까운 함흥성 안에서 과거시험이 열리는 장면이야.

관청 넓은 운동장에서는 말을 타고 활을 쏘는 무과 시험이 한창 열리고 있어. 문과하고는 달리 수험생들이 많아 보이지? 함흥은 산이 험하고 국경 근처라 문과보다는 무과에 더 관심이 많았단다. 무과는 기초적인 유교 경전이나 병법에 대한 필기시험을 보았으나, 합격 여부는 실기시험에서 가려졌어. 그러니 공부를 못하는 사람들이나 신분이 낮은 사람들은 모두 다 무과 쪽으로 몰릴 수밖에 없지. 굳이 시험문제가 어려운 문과에 응시할 이유가 없었던 거야. 무과는 필기시험은 다 틀려도 실기시험만 잘 보면 합격할 수가 있었어. 그래서 무과 필기시험은 시험문제도 어렵지 않았고, 대부분은 이미 출제했던 문제들이 다시 나왔으니까. 그냥 필기시험 흉내만 냈다고 봐야 할 거야.

말 타고 활 쏘는 무과 시험이 열리고 있는 시험장 풍경.
〈함흥에서의 무과 시험〉국립중앙박물관

지후_그러니까 문과는 공부 잘하는 사람들, 문과는 공부에는 소질
　　　이 없지만 운동신경이 발달한 사람들이 유리했을 것 같네.

소연_지후야, 네 말처럼 공부 못하는 사람도 공무원이 될 수 있는
　　　시험이 있었다는 게 놀라워. 무과에 합격해도 양반이 되고
　　　고위 공무원이 될 수 있는 거잖아? 그죠, 선생님? 근데 요즘
　　　은 공부를 못하고 사관학교도 갈 수 없잖아요? 모든 게 공부
　　　와 연관돼 있잖아요?

어, 너희들 말을 듣고 보니 그렇구나! 그래, 요즘은 공부를 못하면 안 되지. 차라리 조선시대처럼 문과는 공부 잘하는 사람, 무과는 공부에 관심 없지만 무예가 뛰어난 사람, 그런 식으로 뽑는 게 더 나은 것 같구나!

자, 〈무관평생도〉는 활쏘기 과거시험을 보는 장면이야. 무과에서 가장 기본적인 과목은 활쏘기인데, 요즘 운동 종목인 양궁처럼 시험을 보았어. 부정을 방지하기 위해서 수험생들의 이름은 절대 부르지 않고 대신 번호를 불렀어. 번호가 불려지면 한 사람씩 혹은 두 사람씩 나가서 나란히 선 다음, 두 사람이 번갈아가면서 화살을 쏘는 거야.

활쏘기는 멀리 쏘는 것을 평가하기도 하고, 정확하게 맞추는 것을 평가하기도 해. 또한 말을 타고 달리면서 활쏘기 하는 것을 평가하기도 하지. 화살이 표적에 명중이면 붉은 깃발을 들고 북을 쳐서 합격을 알리고, 맞추지 못하면 백기를 들고 징을 쳐서 불합격을 알렸어.

옛날 전쟁은 병사들이 얼마나 활쏘기를 잘하느냐에 따라서 판세가 결정되었거든. 그러니까 활쏘기는 요즘 총쏘기와 똑같은 것이지.

〈고구려 무용총 벽화〉를 보면 말을 타면서 활을 쏘는 무사들의 생생한 장면을 볼 수 있어. 정지된 상태에서도 활을 쏘아 목표물을 명중시키는 것이 쉽지 않은데, 하물며 굉장히 빠른 속도로 말을 타고 움직이면서 활을 쏜다는 것은 더 어려운 일이야.

궁궐 후원에서 무과 시험을 보는 장면. 과녁은 연못 너머에 있다.
〈무관평생도 2폭〉 국립민속박물관

무과 시험에서는 이 과목의 비중이 높을 수밖에 없었어. 말 타고
활 쏘는 종목만 잘해도 합격할 수 있을 정도로 비중이 높았다는 뜻
이야. 당연히 시험 규정도 까다로울 수밖에 없었어. 몸을 구부리고
말을 달려서 목표물을 쏜 다음에는 몸을 뒤로 젖히고 손을 들어서
활시위를 뒤집어야 했지. 만약 활을 쏘고 나서 옆으로 달아나거나
일정한 시간 내에 원래의 위치로 돌아오지 못하면 목표물을 맞혔더

라도 무효 처리가 되었다고 하니까.

지후_아빠, 갑자기 궁금한 것이 생겼어. 무과 수험생들이 쏘는 화
　　살은 개인이 준비하는 거야, 아니면 국가에서 준비한 거야?
소연_지후야, 시험 보는 건데 국가에서 준비했겠지. 안 그래요, 선
　　생님?

　원칙적으로 무과 초시나 복시에서는 화살도 시험 도구이기 때문
에 개인이 준비해야 했어. 하지만 왕 앞에서 치러지는 전시의 경우
에는 주최 측에서 준비를 해주기도 했지. 어쨌든 개인적으로 화살
을 준비해야 하기 때문에 무과 시험장 앞에는 화살을 파는 장사치
들이 북새통을 이루기도 했지. 아무래도 좋은 것을 구입해야 명중
률이 높지 않겠니?

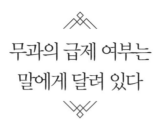

무과의 급제 여부는
말에게 달려 있다

다음은 〈무사행군도권〉이라는 그림이란다. 무사들이 행진을 하는 것인데, 말을 타고 이동하는 무사들은 저마다 옆구리에다 화살을 차고 있어. 오른손에는 긴 삼지창을 들고 있는데, 말은 키가 크기 때문에 적을 공격하기 위해서는 그만큼 긴 창이 필요했다는 뜻이야. 말을 타면서 싸울 때는 칼보다 창이 더 효과적이었다는 말이기도 해. 만약 칼을 쓰려면 삼지창처럼 긴 칼을 써야만 하겠지. 『삼국지』에 나오는 관우가 들고 다니던 '청룡언월도'가 바로 그런 칼이야. 청룡언월도는 창처럼 길게 손잡이가 달려 있으니까.

　무과에서는 말을 타고 달리면서 창이나 칼을 쓰는 시험이 아주 중요했어. 수험생들은 말을 타고 짚으로 만들어진 허수아비를 향해 전속력으로 돌진했어. 허수아비를 전후좌우에 여러 개를 세워놓고

무과에 급제하여 무관이 된 사람들은 이렇게 행진을 할 때 많은 환영을 받았다.
〈무사행군도권〉 국립고궁박물관

다양한 기술을 펼쳤지.

심사위원들은 얼마나 빠르고 정확하게 목표물을 타격하는지를 평가했고, 역시 제한된 시간에 끝내지 못하면 낙방하게 되는 거야.

소연_ 선생님, 무과는 공부하고는 상관이 없을지 모르겠지만 적어 도 무술 하나만큼은 잘해야 하네요. 그걸 못하면 합격할 수 없잖아요?

맞아. 고위 국가공무원을 뽑는 시험인데 그냥 통과시킬 수는 없 잖아? 필기시험은 형식적이지만 실기시험만큼 연습을 많이 한 사람 이 유리했단다. 무과 지망생들이 가장 힘들어하는 과목은 격구야.

소연_ 격구요? 무슨 운동 종목 같은데요?

그렇다고 할 수 있지. 격구는 말을 타고 막대기로 나무공을 쳐서 골대 안으로 넣는 놀이란다. 팀을 나누어서 축구처럼 서로 공을 빼앗아 상대의 골대에다 넣는 방식이지.

그런데 왜 이런 공놀이가 무과 시험 과목으로 정해졌을까?

전쟁이 나게 되면 아군과 적군이 무리를 지어 활을 쏘기도 하고 말을 타고 돌진하면서 삼지창을 휘둘러야 하지. 전쟁은 개인과 개인의 싸움이 아니라 부대와 부대가 싸우는 단체전이라는 뜻이야. 그래서 재빠르게 적의 약한 쪽을 기습했다가 후퇴하기도 하고, 그렇게 후퇴하는 척하다가 역공을 펼치기도 한단다. 그런 팀플레이가

실제 전투하듯이 시합을 하는 장면. 격구의 모습이 생생하게 드러나 있다.
〈격구도〉이여성, 말박물관

전쟁의 승패를 결정하는 거야. 격구는 개인기와 팀플레이가 합쳐져야만 승리할 수 있는 놀이야. 그래서 격구를 무과 시험 과목으로 정했는데, 요즘 축구를 생각하면 될 거야. 축구는 11명이 하는 종목인데 서로 치밀하게 작전을 잘 짜야만 승리할 수가 있어. 11명의 사람들이 하나의 물결처럼 움직여야만 이길 수가 있지. 사실 축구도 옛날에는 군인들이 전쟁 훈련으로 하던 시합이었어. 그것이 지금은 전 세계를 움직이는 스포츠가 된 거야.

지후_아빠, 양궁도 그런 거지? 무과 시험인 활쏘기가 스포츠 종목이 된 거지?

무과 시험이
가장 많이 열린 춘당대

무과는 그렇게 초시와 복시를 거쳐 28명을 골라냈어. 그런 다음 왕이 직접 보는 앞에서 마지막 시험을 치르는 거야. 문과 전시하고 똑같이 무과 전시도 전체 합격자 수를 결정해놓은 상태에서 최종 순위 결정전을 하는 셈이지.

소연_ 어, 그럼 문과 합격자가 33명이니까 그것보다 적은 거네요?

처음에는 그랬단다. 조선 초기에는 그렇게 28명의 합격자만 냈는데…….

소연_ 나중에는 그렇지 않았다는 뜻이군요?

조선시대에는 모든 과거시험 합격자들은 이렇게 기록됐다.
〈무과 초시에 합격한 자〉 국립중앙박물관

그렇게 해서 최종 급제자가 정해졌는데, 갑과 3명, 을과 5명, 병과 20명의 성적을 결정했어. 근데 시간이 흐르면서 무과는 합격자 수가 늘어나기 시작했는데, 조선 중기부터는 수백 명이 넘어갔단다. 때론 수천 또는 수만 명도 뽑았단다.

소연_ 말도 안 돼요. 그럼 하루아침에 양반들이 수만 명씩 배출되는 거네요. 그 많은 합격자에게 줄 벼슬이 있었을까요?

그러게 말이다. 아무튼 무과는 응시자가 많으면 그만큼 많이 뽑았고, 왕이 기분이 좋으면 더 뽑았고, 나라에 좋은 일이 있어도 더 뽑았으며, 나라에 좋지 않은 일이 있을 때도 더 뽑았어. 당연히 전쟁이 일어났을 때는 엄청나게 뽑았지. 또한 국민들이 왕에게 불만이 많을 때도 많이 뽑아서 민심을 달래는 데 이용한 거야.

　국민들 입장에서 보면 많이 뽑아주면 그만큼 좋은 거잖아? 생각해보렴. 한번 시험을 볼 때 30명씩 뽑다가 수백, 수천 명씩 뽑아주면 좋아하지 않겠니?

소연_그렇다고 다 관직을 받을 수 없었다면서요?
지후_그래도 국민들은 좋아했을 것 같아. 일단 양반이 되는 거니까.

　그래, 그거야. 국민들은 과거에 합격해서 양반이 되었다는 그 자체만으로도 엄청 행복했어. 그런 심리를 왕이 이용한 것이지. 하도 많이 부과에서 합격자를 배출하다 보니 당연히 관직에 임명되지 못하는 사람들이 늘어났고, 합격자들도 그걸 당연시했단다.

　〈명묘조서총대시예도〉는 명종이 서총대에서 개최한 무과 시험의 한 장면이다. 서총대는 춘당대라고 하는데, 창경궁 후원에 있는 그곳은 앞에 큰 연못이 있고 주위 경치가 아름다워서 왕이 자주 관리들이랑 잔치를 벌였던 곳이야.

　창경궁 후원인 춘당대에서는 문과를 비롯하여 무과가 자주 열린 곳이란다. 맨 나중에 이야기하겠지만 춘당대는 과거시험이 마지막

서총대에서 열리는 과거시험 무과 별시의 시상식 장면.
〈명묘조서총대시예도〉 고려대박물관

으로 열린 곳이기도 해. 과거시험의 역사가 그곳에서 사라지게 된
것이지.

  〈명묘조서총대시예도〉는 남응운이라는 수험생이 무과 활쏘기 시
험에서 1등으로 뽑혀 왕으로부터 말 두 필을 상품으로 받는 장면이
야. 이렇게 무과 장원급제자들에게는 가끔씩 말이나 쌀 같은 것을
상품으로 주었어.

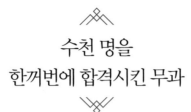

수천 명을
한꺼번에 합격시킨 무과

무과 합격자들의 시상식은 문과와 같은 날 똑같이 하였어.

지후_아빠, 그런 걸 보면 진짜 문과와 동등하게 대우를 해준 건 맞
　　네. 근데 문과는 항상 일정하게 합격자를 뽑았는데, 무과에
　　서는 수백 수천 명이 합격자라고 하니, 그 많은 인원을 시상
　　하려면 날이 새겠는데…….

소연_설마 수천수만 명의 무과 합격자들에게도 똑같이 시상식을
　　했을까요?

　　합격했으니까 해줘야 하지 않을까. 문관들 입장에서 보면 무과가
개판이 되었다고 속이 부글부글 끓었겠지만 왕이 그렇게 하는 거라

과거시험 합격자 수상 장면. 문·무과 합격자가 동서로 갈라져서 서 있다.
합격자 수가 많은 왼쪽이 무과 합격자들이고 오른쪽이 문과 합격자들이다.
〈함흥에서의 과거시험 시상식〉 국립중앙박물관

어쩔 수 없었어. 〈함흥에서의 과거시험 시상식〉 장면을 보면 궁궐에서 열리는 것처럼 화려하지는 않지만 나름대로 격식을 갖추고 있네. 여러 가지 의장기들도 펄럭이고, 음악을 연주하는 사람들도 있지? 합격자들은 가운데 길을 따라 동쪽과 서쪽으로 나누어서 서 있는데, 동쪽에 서 있는 5명의 합격자들은 문과이고 서쪽에 있는 22명은 무과 합격자들이야. 이 시상식은 함흥에서 열린 별시의 합격자들이 수상하는 것 같구나. 합격자들의 앞쪽에는 술잔과 찻잔이 놓여 있으며, 관아 안쪽에는 두 사람이 어사화를 든 채 시상식이 거행되기를 기다리고 있네.

그것만 보아도 무과가 문과에 비해서 훨씬 많은 합격자를 배출했음을 알 수 있어. 한마디로 무과는 합격자 수를 종잡을 수가 없었어. 그래서 공부를 못하는 사람들이 유리했다는 말이 나오는 거야. 문과에 비해서 아주 많이 뽑았기 때문이야. 그러니까 무술 공부를 조금만 하면 누구나 응시해서 합격하여 양반이 될 수 있었어.

그럼 무과 급제자들에게 주는 홍패를 보자. 자, 〈이기창 홍패〉는 우리 조상님이 과거에서 받은 것인데 한 번 보렴.

소연_ 오, 아까 본 문과 홍패랑 똑같아요. 진짜 문과랑 무과를 똑같이 대우했네요.

지후_ 아빠, 만약 무과 합격자가 수천 명이라면 이런 홍패를 모두에게 줬다는 뜻이네. 진짜 그랬을까?

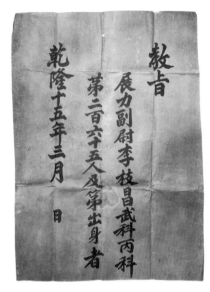

教旨
展力副尉李枝昌武科丙科
第二百六十五人及第出身者
乾隆十五年三月　日

전력부위라는 낮은 직급의 공무원이었던
이기창이 무과에 급제해서 받은
〈이기창 홍패〉 개인 소장

차별하면 안 되니까, 수천수만 명이라고 해도 홍패를 지급해야겠지. 이 홍패를 보면 '전력부위이기창무과병과제265인급제출신자, 건륭15년3월'이라고 적혀 있어. 건륭 15년이란 청나라 황제 건륭제가 왕이 된 지 15년이라는 뜻으로 당시에는 모든 국가 문서에는 중국 황제의 연호를 썼어. 건륭 15년은 1750년(영조 26)이고, 이 홍패에는 왕의 도장이 보이지 않아. 시간이 많이 지나서 왕의 도장이 지워진 거야.

그리고 '전력부위'란 무과 종9품에 해당하는 벼슬이야. 무과의 가장 말단 벼슬이지. 이기창은 전력부위라는 관직 생활을 하면서 과거에 응시하여 병과 265인으로 급제한 거야.

이것만 보아도 무과 합격자를 얼마나 많이 배출했는지 알겠지?

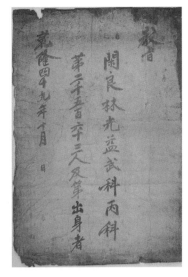

놀고 먹는 양반 한량 임광익이
무과에 급제해서 받은 홍패.
〈임광익 홍패〉 국립민속박물관

병과 265인이잖아? 문과라면 감히 상상도 할 수 없는 숫자야. 문과
든 무과든 관직을 가지고 있다가 과거에 급제하면 특진할 수 있는
기회가 주어졌단다. 그래서 군수를 하다가 다시 과거에 응시하기
도 하는 등 수많은 공무원이 더 높은 벼슬을 하기 위해서 과거를
보았어.

소연_ 아, 그러니까 과거에 합격해서 공무원이 된 사람이 다시 과
　　　거에 응시할 수 있었군요?

　그래, 많은 사람이 그렇게 했단다. 심지어 문과 을과나 병과에 합
격한 사람이 다시 과거시험을 보기도 했어.

이번에는 〈임광익 홍패〉를 보자. '한량임광익무과병과제2563인 급제출신자'라고 적혀 있을 거야.

지후_ 아빠, 진짜 수천 명의 합격자를 배출했네?

소연_ 선생님, 병과 2563인 합격자이면 갑과나 을과까지 합치면 3000명이 넘을 수도 있겠네요?

그렇지. 3000명이 넘을 수도 있어. 그만큼 많은 합격자를 배출했으니, 시상식 날 어사화를 만들고 홍패를 만드는 사람들은 무척 힘들었을 거야. 옛날에는 홍패도 모두 붓으로 일일이 썼을 테니까 말이야.

지후_ 아빠, 무과 합격자들도 어사화가 꽂혀 있는 모자를 쓰는 거지?

그럼, 문과랑 똑같이 대우했으니까. 그리고 임광익이라는 이름 앞에는 '한량'이라고 적혀 있지? 한량이란 놀고먹는 하급 양반 또는 돈이 아주 많은 평민이라는 뜻이야. 결국 제대로 된 벼슬을 한 적은 없지만 돈이 아주 많아서 일을 하지 않고도 살아갈 수 있는 사람을 의미해.

지후_ 소연아, 한량이라는 말이 그때부터 있었네?

소연_그러게. 근데 요즘은 한량이라고 부르면 기분 나빠하는데, 그때는 안 그랬나 보네.

　그럼 비록 양반이라는 말보다는 좋은 말은 아니었지만 그렇다고 상대방을 비꼬는 의미를 가진 말은 아니었어. 한량이라는 사람들은 나름대로 자부심을 가지고 살았어, 주로 무과에 응시하여 양반 노릇을 하면서 살았지. 이렇게 양반이라는 타이틀만 따고 싶은 사람들은 굳이 문과에 관심도 갖지 않았어. 적당히 무과 과외 선생님을 모셔다가 무술을 배운 다음, 역시 과외 선생님을 모셔다가 필기시험을 준비해서 시험에 응시한 거야.

조선시대에는 군사비를 충당하기 위해 정규군에게 보인이라는 경제적 보조자를 두었다. 보인은 아이부터 60대 노인까지 다양했다. 보인이었던 이순신은 무과에 응시하여 병과 4등으로 합격했다. 갑과 을과 다음으로 합격했기 때문에 아주 빼어난 성적이라고 할 수는 없지만, 그는 한국인이 가장 존경하는 인물이 되었다. 만력 4년은 1576년 (선조 9)이다. 〈이순신 홍패〉 문화재청

반쪽 양반을 비롯하여
천민들까지 희망을 주었던 무과

신이 한갓 천한 신분이기에 고금의 책을 두루 읽어 문과에
급제해도 조정에 들어가지 못하옵니다. 또한 병법을 익히
고 활을 잘 쏘아 무과에 급제해도 벼슬길이 막혀 있사옵니
다. 그러므로 세상을 등지고 사방으로 떠돌게 된 것입니다.

「홍길동전」

소연_ 선생님, 다시 『홍길동전』을 보니까 전혀 과거를 볼 수 없었던
    것은 아니네요? 저는 전혀 과거를 볼 수 없었다고 생각했거
    든요. 그래서 홍길동이 집을 떠난 거라고 생각했어요.

지후_ 아빠, 나도 그렇게 생각했어. 결국 홍길동이 집을 나간 것은
    신분이 미천하기 때문에 과거에 합격해도 벼슬을 할 수 없어

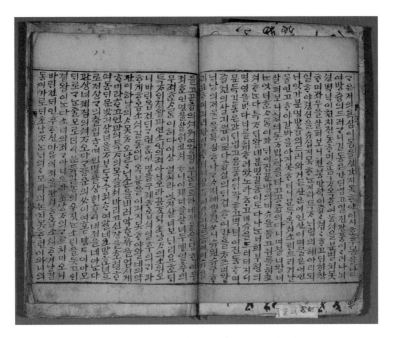

조선시대 베스트셀러 〈홍길동전〉 국립중앙박물관

서 자기 길을 갔다는 뜻이네?

자, 내 말을 더 들어 봐. 홍길동은 아버지는 양반이지만 첩의 아들이라서 반쪽짜리 양반이야. 그런 사람은 문과 시험은 볼 수 없었단다.

길동은 첩에게서 낳은 자식이었다. 그들은 잘났거나 못났거나 사람 취급을 받지 못했다. 과거를 볼 자격도 없었고,

양반 대접도 받지 못했다. 평생 다른 사람들의 손가락질을
받으며 살아야 하는 신세였다.

「홍길동전」

이것도 『홍길동전』의 한 대목인데, 거기에 나오듯이 과거를 볼 자
격도 없었다는 말은 문과에 응시할 수 없었다는 뜻이란다. 하지만
무과에는 응시할 수 있었지. 물론 합격한다고 해도 관직을 얻을 수
는 없었어. 합격자는 수천 명인데 관직은 많지 않았기 때문에 집안
이 좋은 몇몇 사람들을 빼고는 출신이 좋지 않으면 관직을 받기란
불가능했어.

결국 관직을 얻을 수 없으면 출세를 할 수 없다는 의미야. 물론
양반이라는 타이틀은 따겠지만 홍길동 입장에서 보면 관직이 중요
했거든.

지후_ 아빠, 그렇다면 홍길동이 욕심을 너무 많이 부렸네. 홍길동
　　은 공부도 잘하고, 무술도 잘하니까 무과에 응시하여 양반
　　노릇하면서 잘 살 수 있었겠네. 비록 관직을 얻지 못할 뿐이
　　지, 양반 행세하면서 살 수 있잖아?

와아, 『홍길동전』을 그렇게 생각할 수도 있겠구나! 맞아, 홍길동
이 마음만 먹으면 무과 시험은 가능했겠지. 실제로 홍길동처럼 수

문과와 마찬가지로 무과 합격자들도
말을 타고 화려하게 행진했다.
〈무관평생도 3폭〉 국립민속박물관

많은 서얼 출신들이 무과에 응시하여 완전한 양반으로 신분 상승을
한단다. 특히 양반이라는 말에 사무쳐 있던 서얼 출신들이 무과에
응시하여 대거 양반이 되었어. 그들은 벼슬을 주지 않아도 불만을
터트리지 않았어. 양반으로 신분 상승을 가능하게 해준 것만 해도
고마워했고, 그렇게 신분 이동이 가능하게 해준 무과제도가 훌륭하
다고 생각했지.

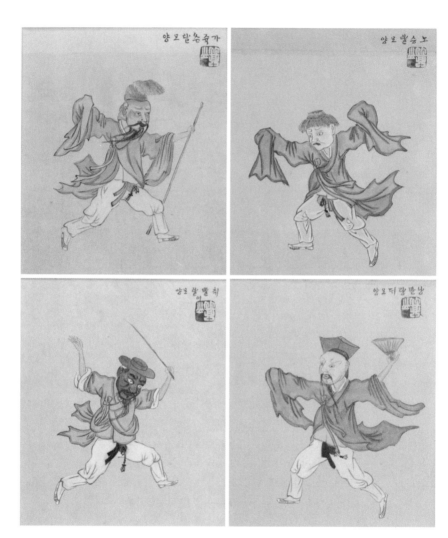

조선 후기에는 천민들도 무과에 응시하여 신분 상승을 할 수 있었다.
〈광대〉 김준근, 국립민속박물관

문과 공부에 치중하던 양반들도 상대적으로 쉬운 무과를 선택하는 경우가 많았어. 아무리 애를 써도 문과에 급제가 불가능할 경우 무과라도 응시하여 합격을 해야만 양반직을 유지할 수 있었으니까. 결국 무과란 양반 자격증을 무더기로 발급해주는 시험이었던 셈이야.

급제자 수가 많아지면서 양반만으로는 그 수를 다 채울 수가 없었고, 그래서 서얼을 비롯하여 중인이나 상민, 나아가 천민까지도 무과를 볼 수 있도록 했지. 임진왜란 때는 일반 병사도 적의 머리를 베어오면 무과에 합격시켜주었단다. 그렇게 해서 받은 홍패를 '공명홍패'라고 했고, 전투에서의 공에 따라 갑과 을과 병과의 등급이 정해진 거야. 나라가 위급한 상황이었기 때문에 그 누구도 공명홍패 제도를 반대하지 못했고, 홍패는 정확한 수를 알 수 없을 정도로 남발되었어. 그래서 홍패가 위조되기도 했고 홍패위조단이 붙잡히기도 했지.

정조는 왕세자 책봉 축하 별시를 열어서 공식적으로 무과에 천민들이 응시할 수 있도록 허락을 하였고, 합격자 2676명 중 천민 출신이 상당수 포함되었어. 이렇게 김준근의 〈광대〉 같은 천민 출신 합격자들이 늘어나자 이것을 구별하기 위해 '상천 출신'이라고 비아냥거리는 말이 생겨났어. 그래도 합격만 하면 함부로 무시할 수가 없었어. 어엿한 양반이기 때문이야. 수백 년 동안 가장 하층민으로 천대받으면서 살아온 천민에게는 잘 통제가 되지 않는 무과가 신분 상

인턴으로 크게 성공한
모범 사례를 만든
〈임경업 초상〉 문화재청

승을 할 수 있는 절호의 기회였던 셈이야. 어려운 한자를 배워서 공
부해야 하는 양반들하고 감히 상대조차 할 수 없었지만 활쏘기나 말
타기 등은 오히려 양반들보다 더 뛰어났기 때문에 가능한 일이야.

1676년(숙종 2)에는 무과에 응시자가 많다 보니 한양에서 시험을
다 치를 수가 없는 사태가 벌어지기도 했지. 수험생이 너무 많으니
까 감당이 되지 않았던 거야. 결국 각 지방에서 자체적으로 무과 합
격자를 뽑았는데 무려 1만 8251명이나 되었어.

지후_아빠, 1만 8000명! 그게 다 무과 합격자야? 홍패를 받는 합

격자?

그렇단다. 그들에게는 홍패랑 어사화가 전달되기는 했지만 모두 다 궁궐에 초대받아서 왕한테 술잔을 받는 시상식을 할 수는 없었어. 그냥 자체적으로 시상식을 하였지. 그래도 합격자들은 좋았어. 꿈에 그리던 양반이 된 거잖아?

28명을 뽑는 무과에 2만 명 가까운 합격자가 나온 셈이야. 무과 급제자는 일반 사병이 아니라 고급 무관이라 관직을 주어야 하는데, 한꺼번에 너무 많이 뽑다 보니 줄 관직이 없는 게 당연하지?

조선 후기의 명장이었던 임경업1594~1646도 무과에 급제했으나 관직을 얻지 못했어. 그나마 인턴을 할 수 있었으니 행운이었지.

지후_와아, 그때도 인턴이 있었나 보네?

그래, 그때도 인턴이 있었단다. 무과는 합격자가 많다 보니 인턴이라도 서로서로 나가려고 했어.

소연_선생님, 요즘 우리나라 청년들이 일자리가 부족해서 서로 인턴이라도 하려고 하는 것이랑 똑같네요?
지후_소연아, 진짜 그러네! 아빠, 그치?

결과적으로 보면 그렇구나! 임경업도 인턴 생활을 하면서 큰 공을 세워 정식 벼슬을 얻은 거야. 그러니까 인턴 생활을 하다가 그 능력을 인정받아 정규직이 되는 거랑 똑같은 것이지.

대부분의 급제자들은 인턴도 할 수 없었어. 그래서 급제자들은 어떻게든 줄을 대어 자리 하나 받아보려고 한양으로 몰려들었지.

김기연은 수차례 문과 시험에 낙방했다가 나이가 들어서야 간신히 무과에 합격했다. 하지만 합격자들이 너무 많아서 관직이 내려지지 않았다. 대기자가 수천이었다. 김기연은 한양의 높은 사람들에게 뇌물을 바치면 좋은 자리의 관직을 얻을 수 있다는 소문을 들었다. 그래서 김기연은 홀어머니를 속여 돈 천 꿰미를 받아 가지고 한양으로 갔다. 한양의 높은 벼슬아치 집에서 일하는 사람들하고나 어울려 놀면서 가진 돈을 다 써버렸다. 그런 식으로 김기연은 몇 차례나 한양을 오가면서 집안의 재산을 다 날려버렸다.

「엽전 두 꿰미 공덕」

그렇게 들어갈 관직이 없다 보니 평범한 사병으로 배치를 받기도 했고, 그래서 불만을 가진 이들은 관직을 거부한 채 한량으로 살아가기도 했어. 그래서 무과의 권위는 떨어졌지만 하층민에게는 오히려 신분 상승을 할 수 있는 좋은 기회였어. 양반들 입장에서 보면 개판이 되어버린 무과가 오히려 신분이 낮은 사람들에게는 희망이 된 거야.

지후_아빠, 결국 무과가 하층민에게 희망을 준 셈이니까, 좋은 제도인 게 아닌가?

뭐 그런 셈이지. 신분제도에 불만을 가진 사람들이 무과를 통해서 대규모로 양반이 되었고, 그래서 자연스럽게 체제에 대한 불만 세력을 달래는 효과를 낳았으니까. 조선시대에 무관들의 쿠데타가 일어나지 않았던 것도 그런 이유 때문이란다. 결국 무과가 있었기 때문에 조선이라는 나라가 500년 동안 유지될 수 있었던 셈이야.

문과가 극소수 양반들의 자기 기득권을 유지하기 위해서 실시되었다면, 무과는 그런 극소수 양반들의 기득권을 달래기 위해서 실시된 시험으로 점차 변해갔다고 할 수 있어.

소연_선생님은 개판이 된 무과를 좋은 쪽으로 생각하시는군요?

너희들은 어떻게 생각하니?

6

자기들만의 독특한 문화를 만든
기술직 공무원들

일본 통신사가 바닷길로 다닌 명승지. 국립중앙박물관

양반 자격증하고 전혀 거리가 멀었던
기술직 시험들

문과와 무과가 양반이 되는 공무원 시험이라고 한다면, 잡과는 기술직으로 중인이 되는 공무원 시험이었어.

지후_ 아빠, 과거시험 이름이 잡과雜科였어? 잡다한 것들, 그럴 때
　　　그 잡과?

소연_ 에이, 설마? 다른 뜻이죠, 선생님?

　아니야. 지후 말이 맞단다. 잡스러운 기술직 공무원을 뽑는다는 뜻이었어. 그만큼 양반들에게 무시를 당한 것이지. 평민들이야 관심이 있었지만 시험 과목이 워낙 전문적인 지식을 요구했기 때문에 그것 또한 쉽지 않았지. 결국 잡과는 문과나 무과하고는 달리 국민

들의 관심도 없었고, 중인, 그들만의 조용한 리그라고나 할까. 문과
나 무과가 국민의 화려한 관심을 받는 메이저리그라고 한다면, 잡
과는 아주 극소수 사람들만이 관심을 갖는 마이너리그였던 거야.

그들은 주로 의학이나 통역을 비롯해 나라를 다스리는 데
필요한 실무지식과 기술을 갖추고 있었다. 그래서 양반처
럼 고리타분하지 않았으며 세상 돌아가는 판을 잘 읽었다.
맡은 일은 헛이름에 얽매인 양반이 직접 하기 싫어하는 것
들이었으나 나라를 움직이는 데는 아주 중요한 일들이었
다. 그들은 이런저런 헛이름에 얽매이지 않고 자기들만의
세계를 쌓아나갔다. 또한 세상의 변화를 빨리 읽고 그 흐름
에 끼어들어 나름대로 학문을 닦기도 하고 힘을 잡기도 했
으며 재산을 많이 모으기도 했다.

「양반전」

박지원이 말한 것처럼 중인들은 역관, 의원, 화원 같은 전문직 종
사자들이고, 그들에게는 양반들이 거들떠보지도 않는 잡과가 아주
중요했지. 거기에 합격하면 기술자로서 미래가 보장되고, 중인으로
편안하게 살아갈 수 있기 때문이야.
이걸 봐. 작가 미상의 〈수갑계첩〉은 중인들만의 계모임을 그린
거야. 지금 잔치가 열리는 곳은 정윤상이라는 중인이 운영하는 한

양반들보다 조용하면서도 더 만족하면서 살았던 중인들의 계모임 장면. 양반들 못지않게 잔치가 화려했다.
〈수갑계첩〉 국립중앙박물관

약방인데, 22명의 동갑내기 친구들이 모여 있어. 그중에는 잡과에 같이 합격한 동기들도 있지. 밤이라 주위는 캄캄하지만 마당 안은 촛불로 환하게 밝히고 있고, 대청마루에서는 악기가 연주되고 있어. 양반들 놀이 못지않게 풍류가 있었어.

중인들은 자기 삶에 대한 만족도가 아주 높은 사람들이었어. 그들은 정치를 하지 않았기 때문에 정권이 수시로 바뀐다고 해도 아무런 상관이 없었어. 문과에 급제한 고위 공무원들이야 자기 파벌에 따라서 숙청이 되기도 하고 귀향을 가기도 하지만, 정치하고는 먼 기술직 공무원은 아무 걱정이 없었던 거야.

가장
인기가 있었던 역과

전문 기술직 공무원을 뽑는 잡과에는 의사를 뽑는 시험, 천문학자를 뽑는 시험, 법원에서 일하는 사람들을 뽑는 시험, 화가를 뽑는 시험 그리고 동시통역사를 뽑는 시험이 있었어. 그중에서 가장 인기가 있었던 시험이 바로 동시통역사를 뽑는 역과야.

소연_지후야, 난 다른 공부 욕심은 없는데 외국어 좀 잘했으면 좋겠어. 외국에 나가서 자유롭게 말을 할 수 있을 정도만 됐으면 좋겠는데…….

지후_그 정도라면 어려운 거 아니잖아?

소연_아냐, 난 이상하게도 외국어가 어려워. 그러니 동시통역사들이 가장 부럽지. 어느 시대에나 통역사들은 인정받는구나!

조선시대 중종은 중국에 사신을 보냈다. 그럴 때면 사신으로 가는 대표자와 옆에서 도와주는 부하에다 이 기회에 중국 여행을 해보고 싶은 사람들도 따라붙고, 장사를 해보려는 사람들도 함께 갔다. 그 가운데에서도 중요한 사람이 통역관이었다. 말이 통해야 외교도 하고 장사도 하기 때문이다. 그래서 통역관은 나라에서 따로 길러냈다. 통역관들도 중국에 갈 때면 으레 나라에서 돈을 빌려 중국 물건들을 사들여 와 팔았는데, 그 이익이 엄청났다. 시험을 거쳐 일단 통역관이 되면 부자가 되는 일은 따논 당상이었다.

「북경거지」

〈명나라로 가는 바닷길〉은 서해 바다를 통해 조선의 사신들이 어딘가로 출발하는 장면인데, 항구 근처 관청에 사신 일행들이 모여들고 있는 거란다. 그 속에는 사신으로 가는 벼슬아치를 비롯하여 통역사인 역관들이 포함되어 있지. 역관이 없으면 외국 사람들이랑 말을 할 수가 없으니 아무 일도 못하고 마는 거지.

또 가끔은 역관이 공식사절단 단장이 되어 외국에 다녀오는 경우도 있었어. 이럴 경우 역관은 직접 왕하고 대면하기도 했으니 각별한 대우를 받았단다. 게다가 역관들은 다른 나라를 갔을 때 공직인 일뿐만 아니라 개인적인 일도 할 수가 있었어.

조선의 사신들이 명나라로 출발하는 장면. 〈명나라로 가는 바닷길〉 국립중앙박물관

중인 가운데서도 통역을 직업으로 삼는 역관은 나라의 사
신을 따라 외국에 드나들며 서로 필요로 하는 물건을 바꾸
어 팔면서 재산을 모았다. 나라에서는 이들에게 일한 대가
를 넉넉하게 주지 못했으므로 사사로운 장사를 하는 것을
못 본 체해주었다. 그래서 역관 출신 중에는 큰 부자가 된
사람이 많았다.

「허생전」

동래에 온 일본 사신을 맞이하는 풍경. 왼쪽이 일본 사신들이고 오른쪽이 조선 관리들이다.
〈동래부에 도착한 일본 사신맞이〉 국립중앙박물관

그러니까 역관들은 외교사절단에 포함되어서 공적인 일을 하면서도 개인적으로 무역업을 할 수가 있었던 것이야. 그야말로 꿩 먹고 알 먹고인 셈이지.

역관들은 중국에서 물건을 사다가 조선에 팔기도 했는데, 주로 향료, 차, 약재, 비단, 책 같은 귀한 것들이야. 더구나 명나라는 일본하고 수교를 하지 않았기 때문에 조선의 역관들은 양국을 오가면서 중개무역도 하였지.

그들은 중국의 도자기와 책 그리고 일본의 은 같은 것들을 사서 양국을 오가면서 팔아 많은 이익을 남겼지. 아예 큰 배를 가지고 중국과 일본을 오가면서 중개무역을 하는 역관도 있었어.

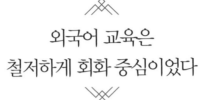

외국어 교육은
철저하게 회화 중심이었다

얘들아, 역과에 응시하기 위해서는 반드시 사역원에 들어가야 했단다. 사역원이란 외국어를 가르치고 외국 책을 번역하기 위해서 설치한 기관인데, 요즘의 외국어 대학이랑 비슷하다고 볼 수 있지.

사역원에서 가장 많이 배우는 외국어는 중국이 어느 나라를 지배하느냐에 따라서 달라졌어. 지금은 우리나라에 가장 큰 영향을 미치는 나라가 미국이잖아? 그래서 영어는 우리나라 모국어인 한글보다 더 중요하게 여겨지고 있잖아? 조선시대에도 비슷했어. 어느 민족이 중국을 지배하고 있느냐에 따라서 제1외국어 교육이 달라졌어. 한족이 지배하고 있으면 한족이 쓰는 언어, 몽고가 지배하고 있으면 몽골어, 여진족이 지배하면 여진어가 가장 중요해.

당시 외국어 교육에서는 문법 따위는 전혀 신경 쓰지 않았어. 철

몽골어 교과서를 찍어낸 몽어노걸대판, 고려대박물관

저하게 회화 위주였지.

> 중국 상인: 형님, 어디서 오셨습니까?
> 고려 상인: 나는 개성에서 왔습니다.
> 중국 상인: 이제 어디로 가십니까?
> 고려 상인: 나는 북경으로 갑니다.

이것은 당시 사역원 학생들이 공부하던 책 속의 실제 내용이란다. 고려 상인이 중국에 가서 겪은 일을 여러 나라의 외국어로 수록하여 학생들에게 가르친 거야. 외국어 책을 '노걸대'라고 불렀고, 그렇게 대화 위주로 구성되어 있어. 중국어 책은 '중어노걸대', 몽골어 책은 '몽어노걸대', 청나라 책은 '청어노걸대' 그런 식으로 부른 거야.

지후_아빠, 외국어 책을 노걸대라고 불렀다고?

가장 자유롭게 살았던
역관들

그런 과정을 거쳐서 역관에 응시하여 합격하게 되면 역관이라는 공무원이 되는 거야. 역관은 정부의 공식 사절단에 포함되어 외국을 오갈 수가 있었지.

〈송조천객귀국시장〉은 명나라 관리들이 조선의 사신들과 송별하는 장면이야.

이 그림을 보면 뱃머리 앞에 탄 조선의 높은 관리가 주연 같지만 그렇지 않아. 바로 그 뒤쪽에 있는 역관들이 실제적인 역할을 하거든. 그래서 역관들은 국내보다 해외에서 더 유명해지는 경우가 많았어.

홍세태1653~1725라는 사람은 어려서부터 천재라고 소문이 났으나 중인이라는 신분의 한계를 알고 출세에 큰 욕심을 부리지 않았

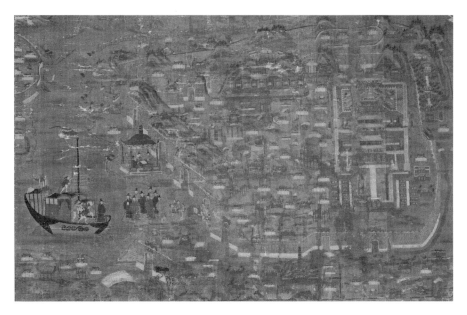

중국 관리들이 조선에서 온 사신들과 송별하는 장면.
〈송조천객귀국시장〉 국립중앙박물관

지. 그는 잡과에 응시하여 중국어 역관이 되었고, 중국의 학자들이
랑 교류를 많이 하여 그곳에 유명해졌어. 홍세태가 쓴 시들은 중국
의 문신들이 즐겨 읽었을 정도였고, 그의 시집은 수많은 필사본으
로 중국에 팔려나가기도 했어.

　옛날에는 항공기가 없어서 외국에 가려면 바닷길이나 육로를 이
용했어. 그 길이 워낙 멀고 험해서 사고도 많았지. 그래서 때로는 큰
사고를 당해서 죽는 일도 많았어. 바닷길을 이용하다가 배가 풍랑
을 만나 뒤집히는 경우도 있었고, 육로를 이용하다가 큰 병을 앓아

서 죽는 경우도 있었단다.

바닷길을 이용해서 사신을 보낼 때 이용하는 배를 사행선
이라고 했는데, 여러 명의 사신들이 저마다 많은 수행원을
거느리고 있어서 함께 떠나는 배가 여러 척이었다. 사행선
이 넓은 바다로 나갔을 때였다. 갑자기 풍랑이 크게 일면서
배가 한자리에 멈춘 채 뱅뱅 맴을 돌았다. 여러 명의 사공들
이 힘껏 노를 저었지만 조금도 나아가지 않고 오히려 금방
이라도 뒤집어질 듯 기우뚱거렸다. 모두 이제 곧 물에 빠져
죽나 보다 하고 얼굴이 파랗게 질려버렸다.

「박포장」

조선의 국서를 실고 일본의 강을 건너는 배. 〈국세누선도〉 국립중앙박물관

일본에 간 통신사들이 유명 관광지를 구경하는 장면.
〈일본 통신사가 바닷길로 다닌 명승지〉 국립중앙박물관

　그 이야기를 보면 외국으로 나가는 길이 얼마나 위험했는지 알
수 있겠지? 특히 일본으로 가는 바닷길은 위험했단다. 〈국세누선
도〉는 조선의 사절단을 태운 배가 일본의 강을 건너는 장면이야. 앞
쪽에 큰 배가 있고 뒤쪽에 네 척의 배가 따른다. 조선의 사절단은 일
본에 갈 때마다 목숨을 걸어야 할 정도로 큰 풍랑을 만났고, 그래서
조정에서는 나름대로 신경을 써서 만든 것이 바로 맨 앞에 있는 큰
배란다.

그렇게 뱃멀미와 죽을 고비를 넘기고 일본에 도착하면 엄청난 환대를 받았지. 역관들은 자유롭게 말을 할 수 있기 때문에 오히려 국내에 있을 때보다 더 좋은 대우를 받았던 거야. 때로는 일본 관리들과 함께 경치 좋은 곳을 여행하기도 했어.

〈일본 통신사가 바닷길로 다닌 명승지〉도 역관이 돌아다니면서 구경한 곳이야. 해외여행이 어려웠던 그 시절에, 역관들은 돈 한 푼 들이지 않고 자유롭게 외국을 돌아다닐 수 있었어. 그러니 그 어떤 양반들보다 자유를 누리면서 살았을 거야.

지후_아빠, 조선시대에는 양반보다 역관이 행복했을 것 같아. 맘대로 해외여행도 다니고, 해외에서도 인기가 좋고, 돈도 많이 벌 수 있고 말이야.

소연_선생님, 제 생각도 그래요. 저도 양반보다 역관이 더 좋은 것 같은데.

그건 조선시대 사람들도 마찬가지였어. 그러니 잡과 중에서 유일하게 경쟁률이 세고 인기가 좋았던 것이지.

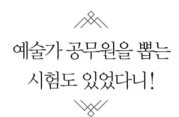

예술가 공무원을 뽑는
시험도 있었다니!

이 밖에도 도화서 화원들을 뽑는 시험도 있었어. 그림을 그리는 공무원이라고나 할까? 도화서 화원을 뽑는 시험은 지금의 미대 입시하고 거의 흡사했단다.

소연_지후야, 미대 입시는 네가 잘 알잖아?

지후_나도 아직 몰라. 미대에 갈지 안 갈지. 요즘은 날마다 생각이 바뀌거든. 요즘 순수미술 해서 작가로 살기도 힘들고, 그렇다고 디자인 공부할 자신도 없고.

지후야, 아직 시간 있으니까 천천히 생각해. 옛날 도화서 시험은 당연히 실기 위주였고, 대나무, 산수화, 인물, 화초, 동물 중에서 두

가지 정도를 선택하여 그린 다음 평가를 받은 거야. 하지만 그렇게 시험을 통해서 뽑힌 사람들이 크게 두각을 드러내지 못하자, 그림에 대해서 잘 아는 사람들이 화가를 추천하는 제도가 생겨났지. 그러면서 그 시험이 사라지게 된 거야.

김홍도 역시 강세황의 추천을 받아 도화서 화원이 되었어. 강세황은 어려서부터 글과 그림에 빼어났으나 벼슬에 뜻을 두지 않아

김홍도의 스승이자 예능특기자로 도화서 화원에 특채된 〈강세황 초상〉 국립중앙박물관

과거에도 응시하지 않았어. 그러다가 66세 때 문과에 응시하여 장원급제를 하는 특이한 경력을 가지고 있단다.

소연_ 66세 때 장원급제한 사람도 있군요?

지후_ 아빠, 김홍도는 행운아네. 도화서 시험이 있었다면 불합격했을 수도 있잖아?

아빠도 그렇게 생각해. 만약 시험을 봤다면 오늘날 김홍도 그림을 보지 못하게 됐을지도 몰라. 김홍도는 수많은 걸작을 남겼잖아?

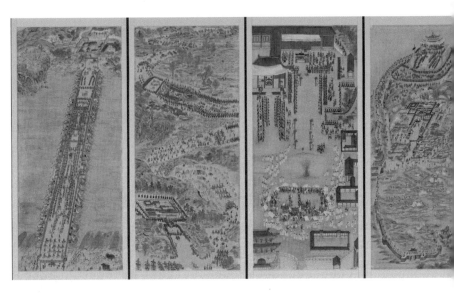

도화서 화원들이 그린 대작 〈화성능행도병풍〉 국립고궁박물관

특히 정조가 화성으로 행차하는 과정을 그린 〈화성능행도병풍〉은 김홍도가 총감독 역할을 했고, 도화서에 있는 30명의 화가들이 모두 나서서 집단 창작을 한 것이란다.

이렇게 도화서 공무원이 되면 왕과 공신들은 초상화, 국가의 각종 행사 장면을 그렸어. 그리고 외국으로 사절단을 파견할 때도 통역사처럼 꼭 포함시켰어.

지후_아빠, 외국에도 갈 수 있었다고? 와아, 그럼 통역사랑 비슷하네.

그럼, 당시에는 사진기가 없었기 때문에 화가들이 그림을 통해서

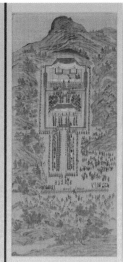

기록물로 남겼거든. 김홍도 정도의 유명한 화가들은 외국에 나가면 엄청 인기가 많았단다. 그 나라의 왕이랑 관리들이 그림 한 점 받으려고 돈을 들고 줄을 섰어.

소연_ 그럼 화가들도 부자가 될 수 있었겠네요?

당근이지. 마음만 먹으면 가능했어. 이렇게 조선왕조는 모든 것을 기록으로 남겨서 후손들에게 물려주려고 했어. 그림이야말로 모든 상황을 눈으로 확인할 수 있는 가장 중요한 기록 수단이었으니까.

인문학을
가장 중요하게 생각했던 사람들

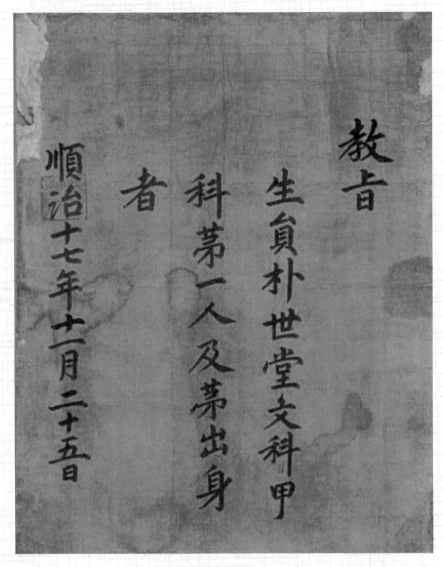

教旨

生員朴世堂文科甲
科第一人及第出身
者

順治十七年十一月二十五日

생원시에 합격한 박세당이 문과에 응시하여 장원급제했음을 알리는 홍패. 순치 17년은 1660년(현종 1)이다.
〈박세당 홍패〉 국립중앙박물관

문학 작품 속에서
장원급제한 사람들

밤낮없이 공부에 몰두한 이 도령은 마침내 장원급제하여 머리에 어사화를 꽂고, 몸에는 푸른 도포를 걸친 후 임금 앞으로 나아갔다. 임금이 이 도령에게 말했다.

"궁궐이 깊고 깊어 내가 백성들의 고생을 알 길이 없도다. 백성들이 어찌 사는지 일일이 알아보려 팔도에 어사를 보내는데, 너의 글을 보니 백성을 사랑하는 마음이 지극하구나. 네가 비록 아직 어리나 전라어사로 명하니, 지방 벼슬아치들의 잘잘못을 가리고 효자 열녀 찾아내어 두루 상을 내리도록 하라."

꿈에 그리던 전라어사라 물러나오는 이 도령의 발걸음이 나는 듯 가벼웠다. 집에 돌아와 부모님께 하직 인사를 올린

『춘향전』은 과거시험으로 극적 반전을 이뤄 국민들에게 희망을 줬다.
〈춘향사당〉 문화재청

어사또는 떠날 차비를 하였다. 신분을 밝힐 수 없는 처지라 비단옷 대신 누더기 무명옷에 무명끈 졸라매고, 끈 떨어진 망건을 대충 눌러쓰고, 살만 남은 부채 활짝 펼쳐드니 영락없이 거지꼴이었다. 어사또는 마패를 옷 속에 감추고 꿈에 그리던 춘향이 있는 남원을 향해 달려갔다.

「춘향전」

『춘향전』은 조선시대 최고의 베스트셀러였어. 글을 아는 사람들은 책으로 보았고, 글을 모르는 사람들은 이야기로 들었지. 이 도령

암행어사의 상징 〈마패〉 국립중앙박물관

은 남원골로 부임해온 사또의 아들로 오로지 과거급제만을 위해서
공부하는 학생이야. 그런 이 도령이 기생의 딸인 춘향이한테 푹 빠
져버렸고 결혼까지 약속하지만 부모님의 반대로 뜻을 이루지 못해.
금수저였던 이 도령과 흙수저인 기생의 딸 춘향이가 사랑한다는 것
자체가 당시로서는 있을 수 없는 일이었지.

　아버지가 한양으로 발령을 받자 이 도령은 춘향이와 이별을 한
뒤 꼭 과거에 급제하여 반드시 그 뜻을 이루겠다고 약속했어. 그러
나 아무리 시간이 흘러도 이 도령은 내려오지 않았고, 신임 사또는
그런 춘향이를 억지 죄인으로 만들어서 옥에 가두고 문초를 하는
거야. 춘향이가 곧 죽을지도 모른다는 이야기가 나올 때마다 독자
들은 마음속으로 간절하게 한양으로 떠난 이 도령을 기다리면서 침
을 꼴깍꼴깍 삼키게 되었어.

"암행어사 출또요!" 누군가 우렁우렁 외치는 소리에 강산이 무너지고 천지가 들끓는 듯, 하늘에 떠 있는 해도 잠깐 발을 머무르고, 공중에 나는 새도 잠깐 날지 못하여 푸득푸득 떨어졌다. 남문에서 "출또요!", 북문에서 "출또요!", 출또 소리 천지에 진동하는데…….

「춘향전」

그렇게 암행어사가 출두하여 도저히 어찌할 수 없을 것 같았던 거대한 권력이 한순간에 무너지게 되면 사람들은 반드시 정의가 악을 이긴다고 생각했고, 누구나 열심히 공부하면 과거에 합격할 수 있다는 꿈을 가지는 거야. 물론 현실은 양반이 아니고는 문과에 급제한다는 것은 힘들었어. 그래도 『춘향전』을 읽을 때만큼은 그런 생각을 하지 않았어. 그러니까 『춘향전』이야말로 가난하고 힘든 사람들을 위로해주면서 꿈과 희망을 주었던 이야기였어.

소연_ 선생님, 하지만 거의 불가능한 일이잖아요? 평민이 문과에 급제한다는 것은요. 그래서 조금은 서글프기도 해요.
지후_ 그만큼 암행어사가 국민들의 아픈 마음을 잘 어루만져주었다는 뜻이 아닐까? 아빠, 그렇다면 암행어사라는 제도는 참 훌륭한 것이었네.

암행어사로 가장 유명한
〈박문수 초상〉 문화재청

　아마 그랬던 것 같구나. 그래서 모든 옛이야기에서는 과거에 응
시한 주인공들이 다 장원급제하고, 그 다음에는 암행어사가 되는
것이 자연스러운 과정이었지.

　　충청도 청풍 도화동 출신 박문수는 장원급제하였고, 왕은
　　그에게 암행어사 책임을 맡아달라고 했다. 박문수는 평소
　　뜻하는 대로 억울한 백성들을 보살필 수 있는 기회를 얻게
　　되었다.

　　　　　　　　　　　　　　　　　　　　　　　　　　　「박문수전」

　그렇게 장원급제와 암행어사가 되는 것을 옛사람들은 당연하게

여겼어. 지금도 나이가 드신 어른들은 장원급제하면 무조건 암행어사가 되는 줄 알지.

소연_ 선생님, 솔직히 저도 그렇게 알고 있어요.
지후_ 아빠, 그게 아니야?

　글쎄 문과 장원급제를 하면 종6품 벼슬을 받는단다. 암행어사도 종6품 벼슬이야. 그러니 이론적으로는 불가능한 일이 아니야. 하지만 현실적으로는 불가능한 일이었지. 아무런 관직 경험이 없는 초보자에게 암행어사라는 중책을 맡긴다는 것은 있을 수 없는 일이기 때문이야.

소연_ 실제로 그런 일이 한 번도 없었나요?

　장원급제한 사람에게 곧바로 암행어사직을 임명한 적은 한 번도 없었단다.

소연_ 근데 왜 장원급제하면 암행어사가 된다고 한 거죠?

　장원급제해서 받는 벼슬이 종6품이니까 암행어사랑 똑같잖아? 그러니 한 번도 그리된 적은 없지만 전혀 불가능한 것은 아니잖아?

그리고 암행어사라야만 극적인 효과를 낼 수가 있잖아? 나쁜 악의 무리들을 싹 처단할 수 있으니까. 결국 『춘향전』을 비롯하여 숱한 옛이야기는 과거제도를 가장 잘 활용했다고 할 수 있는 거지.

> 지후_아빠, 옛날 작가들도 대단하다? 장원급제하고 암행어사를 그렇게 연결시키다니! 더구나 한 번도 실행된 적이 없는 이 야기인데도 그럴싸하게 만들었잖아?

나도 아주 대단하다고 생각한단다.

소연_선생님, 궁금한 게 또 있어요. 『춘향전』을 보면 장원급제한 이몽룡이 시가행진이라든가 고향에 가서 이러저러한 행사도 하지 않고 곧바로 암행어사가 되어가잖아요? 그럴 수도 있 나요?

그건 그냥 작가가 쓴 소설이라고 생각하면 된단다. 문과 장원급 제자들은 요란하게 행사에 끌려다녀야 하니까, 적어도 합격하고 한 달 이내에는 관직을 발령받을 수가 없었어. 근데 『춘향전』은 소설이 니까 작가가 극적인 구성을 하기 위해서 그런 기념행사 장면을 다 생략한 거야.

지후_아빠, 『춘향전』에서 이몽룡이 본 과거는 정시가 아니지? 역시 별시겠지?

정시라면 여러 단계를 거쳐야 하지만 별시는 그렇지 않기 때문에 더 극적인 효과를 낼 수 있어. 그래서 옛이야기에 나오는 과거시험은 대체로 별시이지 않을까.

약자들 편에서
과거제도를 시행한 영조

집을 부유하게 하려고 좋은 밭을 살 필요가 없다. 책 속에 자연의 엄청난 곡식이 있기 마련이니, 편안하게 살기 위하여 크고 화려하게 집을 지을 필요가 없다. 책 속에 황금으로 지어진 집이 있기 마련이다. 문을 나설 때는 시종이 없음을 한탄하지 마라. 책 속에 수레와 말이 가득하다. 아름다운 아내를 얻을 기회가 없음을 탓하지 마라. 책 속에 얼굴이 옥 같은 미인이 있다. 남자로 태어나서 평생의 뜻을 이루고자 하거든 창문 아래서 부지런히 책을 읽어라.

〈권학가〉

이것은 옛날 청소년들이 불렀던 〈권학가〉란다. 중국에서 들어온

〈권학가〉는 여기저기 흘러 다니면서 사람과 시대에 맞추어 조금씩 변형되기는 했지만 학문을 권장하는 핵심 내용은 바뀌지 않았어. 공부야말로 최고로 출세할 수 있는 길이었으니까.

그러나 출신 성분이 나쁘면 아무리 성적이 우수해도 생원 3등 진사 6등 이상이 될 수 없었고, 그래서 '생삼진륙'이라는 말이 나왔어. 출신 성분이야말로 실력만큼이나 중요했거든.

소연_그러니까 출신 성분이 나쁘면 전체 1등이어도 생원시에서는 3등, 진사시에서는 6등 이상이 될 수 없었다는 거네요? 이걸 보면 생원시보다는 진사시를 훨씬 중요하게 생각했군요? 생원시는 3등인데, 진사시는 6등 이상을 허락하지 않았으니까요.

그렇단다. 생원시보다는 진사시를 더 중요하게 생각했어. 숙종 때에는 사마시 합격자들이 시상식을 거부하는 사태가 벌어졌어.

"이번에 진사 1등 제4위로 입격한 장세량과 같이 백패를 받을 수가 없습니다. 장세량은 서얼 출신이기 때문입니다. 그것을 속이고 진사시에 응시했기 때문에 그는 합격자 명단에서 제외되어야 할 줄 아옵니다."

그렇게 집단 시위를 하면서 장세량을 쫓아내려고 했단다. 장세량은 반나절 동안 버텼지만 결국 대궐 밖으로 쫓겨나고야 말았어.

파격적으로 신분을 파괴하면서
과거를 실시한
〈영조 어진〉 국립고궁박물관

소연_그래도 국가시험에 어떻게 그런 일이 일어나지요?

지후_아빠, 일단 합격했으면 인정해줘야 하는 거 아닌가?

어디 양반들이 그러겠니? 자기들보다 천한 사람들이 좋은 성적
으로 합격했으니 배도 아프고, 어떻게 해서든 그 사람을 떨어트릴
궁리만 했지.

그런 일은 아주 흔하게 일어났어. 영조 때에는 채점관들이 사마
시 시험지를 채점하면서 수험생 출신 성분을 몰래 뜯어보고는 "문
벌이 좋고 명망 있는 선비가 아니면 장원이 될 수 없다." 하고 실제

로 1등인 사람을 뒤쪽 등수로 밀려나게 했단다. 그 사람이 별 볼 일 없는 시골 출신이었기 때문이었거든. 그 사실을 알게 된 영조는 불같이 화를 냈어.

"허허, 답안지에 가려진 이름을 다 뜯어보고 수험생의 출신 성분을 가려 1등을 뽑으니 한심하도다! 국가 시험은 공평해야 하거늘 합격자 발표 전에 불법으로 출신 성분을 알아내서 등수를 정하니, 이런 병폐를 완전히 개혁하겠다!"

영조는 수험생의 출신 성분을 훔쳐볼 경우 엄하게 처벌하게 하였고, 출신이 미천한 자를 생원 3위 진사 6위에 배정하는 '생삼진륙'의 악습을 없애도록 했어.

소연_맞아요. 바로 그런 일이 일어나지 않도록 수험생이 누군지 알 수 없게 답안지를 접어서 풀로 붙인다고 했어요. 결국 채점관들이 그걸 뜯어본 것은 법을 어긴 게 아닌가요?
지후_못된 사람들!

그러나 신하들은 반대했고 영조도 뜻을 굽히지 않았지. 영조는 그날 부정을 저지른 관리들을 다 파직시켰대.

지후_와아, 이 대목에서 손뼉 쳐야 하는 거 아냐? 나 영조대왕이 그렇게 훌륭하신 분인지 몰랐네. 멋있다! 짱이야!

과거시험의 부정을 알고
정계에 나가지 않았던 올곧은 선비,
〈황현 초상화〉 문화재청

지후야, 영조는 과거제도가 가난한 백성이나 시골 유생, 서얼, 중인, 노비, 죄인 같은 사회적 약자들을 배척하고서는 발전할 수 없다고 생각했어. 그러나 왕조가 바뀌자 다시 그런 부정이 과거장을 휩쓸었어. 황현은 부모님의 소망을 풀어드리기 위해 과거에 응시해서 합격했으나 시골 출신이라는 이유만으로 등수가 2위로 밀려나자 벼슬길에 나가지 않았단다.

"실력보다 출신 성분을 더 중요시하는 더러운 세상! 다시는 과거를 보지 않을 거야!"

그렇게 단호하게 말하고는 과거를 멀리하였어.

소연_ 와아, 황현이라는 사람도 박수! 선생님, 그분도 멋있어요.

 심지어 돈으로 홍패와 백패를 사기도 했어. 조선시대 후기에는 지방에서 실시되는 사마시 초시에는 200~300냥을 시험관에게 주어야 합격할 수 있다는 말이 떠돌았으며 문과는 훨씬 많은 돈이 필요했어. 고종 때 열린 문과 시험에서는 남규희가 장원급제를 하였는데 그의 아버지인 남정익이 고종에게 10만 냥이라는 거액을 몰래 주었어. 돈으로 문과 장원을 산 셈이야.

지후_ 진짜 짜증 나네! 예나 지금이나 돈이면 안 되는 게 없으니.
소연_ 선생님, 그래서 남규희라는 사람이 장원급제한 거예요?

 그렇단다. 그런 남규희는 한일합방에 앞장섰으며 조선총독부에서 중요한 역할을 한단다.

지후_ 그런 사람이 친일파 되는 건 당연해! 아, 짜증 나!
소연_ 역사를 공부하다 보면 이런 대목에서 맥이 빠져요. 나쁜 짓을 한 사람들이 오히려 떵떵거리면서 사는 장면을 보면요. 일제강점기 내내 떵떵거리면서 살았겠네요?

 친일파들을 청산하지 않았기 때문에 해방 후에도 그의 후손들은 떵떵거리면서 살고 있단다.

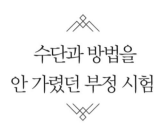

수단과 방법을
안 가렸던 부정 시험

수능 시험장에서 엄마의 핸드폰이 울려 수험생이 부정행위로 시험을 보지 못하게 된 사건 혹시 기억하니?

소연_ 알아요. 고의적으로 한 게 아니라서 너무 안타까웠어요.
지후_ 그게 법으로 정해진 거니까 어쩔 수 없지만, 우리 친구들 다 안타까워했어.

그러니 그 아이 엄마의 마음이 얼마나 슬펐겠니? 아무튼 옛날에도 과거시험에서 부정행위가 아주 많았어. 그래서 부정행위를 하다가 적발되면 3~6년 정도 시험을 볼 수 없게 하였고, 곤장 100대를 벌로 내리기도 했단다.

수험생들이 미리 준비해간 쪽지를 보거나 옆 사람의 답안지를 훔쳐보는 등 부정행위를
하고 있는 풍경. 〈평생도〉 김홍도, 국립중앙박물관

어쩌면 옛날이 지금보다 더 부정 시험이 더 많았을지도 몰라.

지후_ 에이, 설마? 아빠, 요즘이 더 많지 않을까?

아니야. 옛날이 훨씬 더 심했단다. 그 방법도 상상을 초월했어. 코
나 귀 또는 입 안에다 종이를 숨겨오기도 했고, 신발이나 모자, 붓 대

롱 속에다 종이를 숨기기도 했으며, 자기 옷에다 적어오기도 했어.

지후_ 뭐 그 정도는 요즘도 충분히 있을 수 있는 일이잖아? 우리 반에서도 작년에 시험 볼 때 옷에다 적어온 애도 있었고, 손바닥에다 적어온 아이, 팔목에다 적어온 아이, 커닝 페이퍼를 앞사람 등에다 붙여놓은 아이, 땅바닥에다 떨어트려 놓은 아이 등 천차만별이었어.

하지만 대리시험은 불가능하잖아? 옛날에는 신분증에다 사진을 붙일 수가 없었기 때문에 얼마든지 대리시험이 가능했단다. 대리시험만 전문적으로 해주는 사람도 있었어.

소연_ 그렇죠. 학교에서는 대리시험이 불가능하고, 국가고시에서도 대리시험은 불가능하지 않겠어요? 신분증이랑 실제 얼굴을 확인할 테니까요. 근데 옛날에는 신분증에 사진이 붙어 있는 게 아니라서 얼굴이 비슷한 사람들을 들여보내면 알아보지 못했을 것 같아요.

숙종 때 이런 일도 있었단다.
"한 여인이 나물을 캐다가 아까운 줄이 땅속에 묻혀 있기에 무심코 잡아당겨보니, 그것이 땅속을 통해 계속 이어져 있었다고 합니

과거시험에서 부정행위로 적발되면
태장을 맞았다.
〈태장 맞는 장면〉 김준근, 국립민속박물관

다. 그래서 다른 무리를 불러 파보니 땅속에 통로가 있었고, 그 통로
에는 대나무 통이 쭉 이어져서 기와집 20칸을 지나 과거장 동쪽 담
장 밑으로 이어졌습니다."

담당 관리가 왕에게 부정 시험에 대한 보고를 했던 거야. 자세한
이야기를 들은 왕도 어처구니없다는 표정을 지었어.

"그렇다면 가느다란 줄에다 시험 답안이 적힌 종이를 매달아서
그 대나무 통을 통해 과거장으로 전달하려고 했다는 뜻이란 말이
냐?"

"그러하옵니다."

"참으로 기가 막히는구나. 대체 누구 그런 짓을 했는지 꼭 찾아내

서 엄하게 벌을 내리도록 하라!"

왕은 그렇게 명령을 내렸으나 부정행위자를 잡아내지는 못했어. 감히 보통 사람이라면 엄두도 낼 수 없는 일이었지.

소연_ 와아, 대체 누가 그랬을까요?

지후_ 아마 돈은 많은데 양반 지위가 위태위태한 사람이 하지 않았을까? 자기 아들이 실력은 안 되고, 이번에도 떨어지면 양반 지위가 사라지고, 그러니까 그런 방법을 쓰지 않았을까?

그럴지도 모르지. 좌우지간 과거장에 응시생이 수만 명씩 몰리게 되면 통제가 불가능해졌고, 결국은 양반집 수험생들이 고용한 힘센 무인과 노비들까지 들어와서 부정 시험을 공모했어. 술 파는 장사치들까지 들어오게 되었고, 수험생들이 서로 싸우고 다치는 경우가 허다했어.

지후_ 아빠, 아무리 그렇다고 시험장에서 술까지 팔아? 그건 좀 너무했다!

그뿐이 아니란다. 문과 초시에 떨어진 사람이 복시에 응시하여 합격하는 일도 벌어진 거야.

소연_ 선생님, 초시에 떨어지면 복시에 응시할 수 없잖아요? 그런
데 어떻게 그게 가능해요?

그만큼 사회가 엉망이 되어버렸다는 말이지. 그렇게 부정행위가
많아진 것은 합격만 하고 나면 설령 부정한 방법이 드러났다고 할
지라도 불합격시키는 경우는 아주 드물었기 때문이야.

소연_ 이야, 진짜 말도 안 된다! 합격을 취소하고 엄하게 벌을 주어
야 하는데, 그렇지 않았다는 뜻이잖아?

고작해야 부정행위를 하여 합격한 사람들을 평안도나 함경도 같
은 국경 근처로 발령을 내서 힘든 일을 시키는 정도. 그러나 양반들
은 금방 한양으로 돌아올 수 있었기 때문에 큰 효과가 없었어.

지후_ 아니, 감옥에 보낸 것이 아니고 국경 근처 공무원으로 발령
을 냈다고? 아빠, 그러니 부정행위가 사라질 수가 없었겠지!

과거시험을
거부한 사람들

과거에 합격하게 되면 그때부터 공무원 생활을 시작하는 거야. 조선시대에 가장 많이 그려진 그림 중에 하나인 〈문관평생도〉에는 과거에 합격하여 관직 생활을 시작하는 장면이 잘 나타나 있어. 신임 관리로 부임하여 관찰사가 되면 수레를 타고 부임하고, 정승이 되면 가마를 타고 부임하지.

지후_ 아빠, 그것도 요즘이랑 비슷하다. 요즘도 직급이 낮은 공무원이면 그냥 걸어가거나 자기 차를 타고 가지만 높은 공무원이면 국가에서 고급 관용차가 나오잖아.

소연_와, 그러네! 차관이나 장관이 되면 관용차가 나오잖아요. 그쵸, 선생님?

허허허, 생각해보니 그렇구나. 그러니까 정승이 되어 타고 다니는 가마가 고급 승용차인 셈이네? 그렇게 정승을 마치고 고향으로 내려와서 남은 생을 편안하게 살다가 죽는 것이 조선시대 양반들의 꿈이었어.

그러나 모두가 과거시험을 통해 출세했던 것은 아니야. 이익은 25세 때 응시한 시험에서 우수한 성적으로 뽑혔으나 이름을 쓰는 것이 격식에 맞지 않는다는 이유로 탈락되었어. 그러자 이익의 형이 상소를 올렸다가 역적으로 몰려 매를 맞고 죽는 일이 생겼단다. 이익은 그 충격으로 과거 공부를 접게 된단다. "과거시험이라는 것은 출세를 탐하는 무리들을 사방에서 모아놓고 오직 한 가닥 요행의 길을 터놓은 다음 사람들더러 뚫고 들어가게 하는 것이니, 세상에 실제로 쓸모 있는 것과는 이미 정반대의 것이다." 이익은 과거가 계속되면 학풍은 날로 쇠퇴하여 진정한 선비가 나올 수 없게 될 것이라고 비판했어.

서경덕은 어려서부터 글을 잘 쓴다고 소문이 자자했어. 그래서 주위에 있는 선비들이 과거를 권하기도 했지만 그걸 거절하고 학문과 교육에만 열중했어. 그의 나이 43세에야 어머니의 간청을 뿌리치지 못하고 생원시에 응시하여 1등을 했으나 벼슬에는 나가지 않았어. 숱한 문관들이 서경덕을 관료로 추천했지. 그래도 서경덕은 끝내 벼슬을 하지 않았어.

과거시험을 통해 오를 수 있는 최고의 벼슬 정승 행차. 〈평생도〉 국립민속박물관

문관 출신 고위 공무원이 입는 옷에는 학이나 공작이 새겨진 흉배가 붙어 있었고, 무관 출신 고위 공무원들이 입는 옷에는 용맹스러움을 상징하는 호랑이나 해치가 새겨진 흉배가 붙어 있었다. 〈단학흉배, 쌍학흉배, 해치흉배, 쌍호흉배〉 국립민속박물관, 국립중앙박물관

소연_ 그렇게 누군가 추천을 받아서도 벼슬을 할 수 있었군요?

당연하지. 요즘도 그렇잖아. 새로운 대통령이 나오면 여러 사람들의 추천을 받아서 장관이나 차관이 임명되기도 하고, 그 밖에도 수많은 공무원이 추천을 받아서 임명되거든.

소연_ 아아, 그렇네요. 아무튼 서경덕은 누군가 추천했는데도 벼슬을 거부했다는 거죠?

그렇단다. 이항로1792~1868는 사마시 초시에 합격하자마자 당시 권력층이 접근하여 자기 자식들이랑 가깝게 지내라고 자주 부탁을 하자 "과장에 들어가는 것 자체가 수치스럽다. 다시는 과거를 보지 않을 거야." 하고는 세속을 피해 산속 사찰을 돌아다니면서 학문에 전념했어. 수차례 조정에서 관직을 내렸지만 거부하고 후학들을 가르치는데 힘썼지.

지후_ 이항로라고? 아빠, 난 그 사람에 대해서 잘 모르는데 진짜 존경스럽다!
소연_ 선생님, 저도요! 어느 시대에도 멋있는 사람은 있었어요.

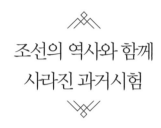

조선의 역사와 함께
사라진 과거시험

『홍길동전』의 작가로 잘 알려진 허균은 신분제 철폐를 주장했다는 거 잘 알지? 『홍길동전』을 보면 "아버지를 아버지라고 부르지 못하옵고 형을 형이라 부르지 못하오니 어찌 서럽지 않겠습니까?"라는 대사로 유명한데, 사실 조선시대에는 그런 말을 쉽게 할 수가 없었단다. 양반인 아버지와 첩이었던 어머니 사이에서 태어난 자식들은 서자니 서얼이니 하면서 차별을 받았잖아? 첩이었던 어머니가 상민 이상이면 그 자식을 서자라고 하고, 첩이었던 어머니가 천민이면 서얼이라고 불렀지.

지후_ 아빠, 근데 왜 여성 차별을 주장한 사람은 없었을까? 만약 여자들이 과거시험에 응시했다면 어떤 일이 벌어졌을까?

글쎄, 그러면 어땠을 것 같니?

지후_ 뭐 훨씬 더 나아졌겠지? 난 그렇게 생각해. 소연아, 네 생각
　　　은 어때?
소연_ 나도 당연히 조선시대 정치가 훨씬 더 나아지고 국민들도 더
　　　행복해졌을 거라고 생각해. 근데 진짜 여성 차별을 주장한 사
　　　람이 한 명도 없었을까요? 실학자들은 다르지 않았을까요?

　아마, 그랬을 거야. 특히 서양의 새로운 학문을 받아들인 사람들
은 그런 생각을 했을 거야. 천주교가 여자들을 중심으로 빠르게 퍼
져 나갈 수 있었던 것도 그런 이유 때문이거든. 바로 남녀가 다 공평
하다고 했기 때문이야. 하지만 유교는 철저하게 남성 위주의 사상
이었기 때문에 여자가 나서서 정치를 한다는 것은 생각조차 할 수
없었어.
　다시 한 번 말하지만 『홍길동전』은 과거제도의 영향으로 탄생한
소설이란다. 주인공인 길동은 서얼 출신이라 문과에 응시할 수 없
었고 무과에는 합격해도 벼슬을 할 수 없었기 때문에 자기만의 인
생을 찾아서 떠나잖아? 홍길동은 산으로 들어가서 도적이 되어 양
반들의 권력에 대항하는데, 당시 지배 세력의 입장에서 보면 그건
분명 폭도들이야. 당연히 『홍길동전』은 체제를 전복하려고 한 반국
가적인 소설, 요즘으로 말하면 국가보안법 위반에 해당하는 소설이

지. 그러니까 『홍길동전』이야말로 상상을 초월할 정도로 혁명적이고 진보적인 이야기라고 할 수 있어. 그런 소설이 조선시대에 나왔다는 것, 그 자체만으로도 대단한 평가를 내릴 수가 있고, 만약 그때 노벨문학상 같은 것이 있었다면 당연히 수상감이라고 생각해. 물론 작품에서 여성 차별까지 거론이 되었다면 더 좋았겠지만, 그런 한계를 인정한다고 해도 훌륭한 작품이라는 뜻이야.

소연_ 아아, 그렇군요. 선생님, 저도 다시 한 번 『홍길동전』을 읽어 볼게요.

지후_ 아빠, 나도 그럴게. 야, 소연아! 요즘 고전을 다시 쓰는 것이 유행이잖아? 네가 『홍길동전』을 여성 차별에 대한 이야기까지 넣어서 다시 써봐!

소연_ 어, 그것 괜찮겠는데…… 나중에 내가 작가가 되면 한 번 생각해볼게.

어쨌든 『홍길동전』은 전 국민이 보는 베스트셀러였어. 아무리 불온한 책이라고 막아도 사람들의 입과 귀로 옮겨지는 이야기를 막을 수는 없거든. 그러면서 사람들은 얼마나 신분제 사회가 부당한지를 깨달았어. 뜻있는 선비들이 신분제 철폐를 주장하는 것과 『홍길동전』이라는 문학 작품 한 편이 던져주는 무게는 달랐지.

『홍길동전』의 파급력은 엄청났단다. 조정에서는 온갖 방법을 동

원하여 『홍길동전』이 퍼져 나가는 것을 막아보려고 했으나 불가능
했고, 과거시험이 열릴 때마다 신분제 철폐에 대한 논의가 있었지.
특히 영조는 천민들을 과거에 응시할 수 있도록 했어. 양반들의 철
밥통이었던 문과 시험에서는 어려웠지만 조선 후기로 가면서 무과
는 신분제가 허물어졌다는 거 알지? 조선시대 후기 문과와 함께 양
반을 배출하는 쌍두마차였던 무과에서는 서자와 서얼을 비롯하여
천민까지도 합격할 수 있게 된 거야.

소연_ 예에, 이제 그 정도는 알아요.

지후_ 아빠, 나도 무과에 대해서 다시 생각하게 됐어. 무과는 단순
　　　하게 무관들을 뽑는 시험인 줄 알았는데…… 여자들이 응시
　　　할 수 없었던 것이 아쉽지만 그래도 무과를 통해서 하층민들
　　　이 신분 상승을 할 수 있었다는 것은 다행인 것 같아.

　그렇게 과거제도는 말도 많고 탈도 많았지만 조선왕조라는 국가
를 나무처럼 살아 움직이게 하는 데 절대적인 역할을 한 것 또한 부
정할 수 없단다. 그러니까 조선은 과거시험의 나라라고 할 수 있어.
과거시험이 없었다면 조선이 500년 동안 살아남지 못했을 거야. 어
쨌든 국가시험이라는 경쟁 구조를 만들어놓고서 늘 우수한 인재를
뽑으려고 했고, 그것이 한계를 가지고 있었지만 그래도 좋은 점들
이 많았다는 뜻이지. 그래서 조선이라는 작은 나라가 500년 동안 유

조선을 움직이게 하는 심장이었던 과거제도는 고종 때 쓸쓸하게 막을 내린다.
〈고종어진〉 국립중앙박물관

지되었던 거란다.

지후_ 시험제도 때문에 국가가 그렇게 유지될 수 있었다는 게 믿어
　　　지지 않아. 근데 아빠 말을 들어보니까 그런 것 같아. 한계도
　　　많지만 좋은 점도 많다는 말에도 동의하고.
소연_ 선생님, 근데 과거시험이 언제까지 있었어요?

1894년 (고종31) 창경궁 후원인 춘당대에서 마지막으로 과거시험이 열린단다. 그날은 특별히 더 많은 합격자를 배출했어. 마지막이고 하니까 문과 59명, 무과 1147명이라는 무더기 합격자를 배출한 거야. 근데 그날도 부정으로 얼룩졌어. 문과 장원을 한 신종익은 복시에서 제출한 답안지가 없었는데도 합격한 사실이 밝혀졌거든. 그 사실이 왕에게 보고되었는데도 크게 문제 삼지 않고 넘어갔어.

소연_ 혹시 왕에게 뇌물을 먹인 게 아닐까요?

지후_ 그랬을 것 같아. 뭐 마지막 시험이니까, 왕도 문제 삼지 않았을 것이고.

소연_ 아무튼 조선이 망해가면서 과거시험도 없어지게 된 거네요.

서양 사람들을 깜짝 놀라게 했던
동양의 과거제도

조선의 몰락과 함께 과거시험은 사라졌지만 지금 우리는 현대판으로 부활한 수많은 과거제도에 얽혀서 살아가고 있단다. 너희들이 치르는 각종 월말고사, 중간고사며 수능시험 그리고 사법고시, 행정고시 같은 국가고시들도 옛날 과거시험이랑 판박이라는 것을 이제 알겠지?

소연_ 예, 알겠어요. 다만 그때랑 다른 것은 여자를 비롯하여 그 누구나 응시가 가능하다는 것이겠지요?

하지만 로스쿨 제도처럼 특정인만 볼 수 있는 시험도 제법 있단다. 어쨌든 그 가능성이 낮아도 모든 국가고시는 누구나 응시할 수 있도록 제한하지는 말아야 한다고 생각해. 모든 국가고시는 학력, 성별, 나이 제한이 없어야 해.

조선시대 때 서양인들은 동양을 한 수 아래의 사회로 보았단다. 미개인들이라고 생각했지. 왜냐면 자기네보다 문명이 떨어져 있는 게 사실이었거든. 자기네가 대포를 쏘아댈 때 동양인들은 화살을 쏘았잖아? 그러다가 중국과 조선의 과거제도를 보고 깜짝 놀란 거야.

가장 먼저 과거제도를 소개한 사람은 마테오 리치라는 이탈리아 선교사였는데 "과거시험은 전적으로 글쓰기 위주이고, 전 국민들이 그 시험에 나선다." 하고 자신의 책에다 쓴 거야. 그 책이 유럽으로 퍼져 나가면서 파문을 일으킨 거지. 당시 유럽에서 그런 대규모의 국가고시는 상상도 할 수가 없었어. 더구나 나라 전체가 공부에 휩싸여 있다는 것도 놀라운 사실이었어. 공정하게 경쟁하여 관리를 뽑는 것, 그 자체를 당시 유럽에서는 받아들일 수가 없었던 거야. 어떻게 전 국민을 대상으로 시험을 보아서 관리를 뽑는다는 생각을 하냐는 거야. 진짜 서양인들이 보기에는 말도 안 되는 일이었어. 근데 중국이랑 조선 같은 나라에서 실시되고 있다니 안 믿을 수도 없고, 믿자니 말도 안 되는, 그런 거였지.

유럽의 일부 지식인들은 동양의 과거제도를 예찬하면서 적극 받아들이자고 했지. 근데 지배 세력이 그걸 받아들이겠니? 마테오 리치가 1610년에 죽었으니까 그로부터 상당한 세월이 흐르고 19세기

동양의 과거제도를 서양에 소개한
〈마테오 리치 초상화〉

초가 되어서야 과거시험이랑 비슷한 국가고시들이 유럽에서 생겨나기 시작했지. 그 뒤로 과거제도 같은 국가고시는 전 세계의 표준 시험으로 자리를 잡게 되는 거야.

소연_ 마테오 리치가 살았던 시대에는 서양도 신분제 사회였을 것 같아요. 그렇다면 지배 계층 입장에서 보면 공평하게 과거시험을 통해서 인재를 뽑는다는 거에 동의할 수 없었겠지요.

지후_ 그렇기도 하고, 국민 전체가 시험을 본다는 게 상상도 안 됐을 것 같아.

프랑스는 과거시험 제도를 많이 연구했고 빨리 받아들인 나라야.

〈곤여만국도〉

19세기 초에 프랑스에서는 바칼로레아라는 국가시험이 실시되거
든. 그 국가고시는 고등학교 졸업 시험이자 대학교 입학 시험이야.
프랑스에서는 초등학교 5학년을 마치고 중등교육의 제1단계에 들
어가지. 그 과정을 마치면 2단계인 직업 교육 면허증을 딸 수 있는 2
년 과정과 대학 입학 자격시험을 볼 수 있는 3년 과정 중에서 하나
를 선택하지. 바칼로레아는 대학 입학 자격시험을 볼 수 있는 과정
을 선택한 학생이 3학년을 마칠 때 보는 시험이란다. 바칼로레아는
대부분 깊이 생각하게 하는 논술형 문제들이 출제된단다.

소연_ 선생님, 그것도 우리의 과거시험의 영향인가요? 과거시험은
    객관식은 없고 모두 주관식 논술형 문제들이잖아요.

나는 절대적으로 동양의 과거시험의 영향이라고 생각한다. 당시에는 과거시험 외에는 참고할 만한 시험이 없거든. 당시 서양에서 이것저것 실시되는 시험들은 다 과거시험을 연구해서 생겨난 것들이었어. 다만 바칼로레아는 과거시험하고 달리 프랑스 실정에 맞게 많이 보완된 거야. 과거시험은 상대적으로 누가 더 공부를 잘하는가를 가려내는 상대 평가였는데, 바칼로레아는 절대 평가로 20점 만점에 10점만 넘으면 합격이고, 합격한 학생은 누구든 자신이 원하는 대학교에 지원할 수 있었어.

그런 식으로 과거시험은 각 나라의 상황에 따라서 조금씩 변형되어 실시되었지. 그 어떤 나라든 시험제도가 없는 곳은 없게 되었어. 그만큼 시험제도가 모든 사람들에게 공감대를 얻은 것이지.

지후_아빠, 그러네. 진짜 시험제도가 없는 나라는 없을 것 같아. 운전면허 시험도 시험이고, 미용 시험도 시험이고, 부동산 중개사 시험도 시험이고…… 진짜 모든 게 시험으로 결정되는구나!

소연_선생님, 아까 이야기를 시작할 때 과거시험이 전 세계의 역사를 바꿨다는 말을 하셨는데, 왜 그런 말을 하셨는지 이제 알겠어요. 맞네요. 동양의 과거제도가 결국은 전 세계의 역사를 바꾸어가고 있는 셈이네요. 지금도 실시되고 있으니까요. 미래에도 그럴 것이고요.

얘들아! 난 사실 시험을 별로 좋아하지 않는단다. 지금도 대학 입시 보는 꿈이나 수학 시험 보는 꿈을 많이 꾸거든. 그만큼 중고등학교 시절이 힘들었단다. 그 엄청난 시험을 어떻게 이겨냈는지 돌아다보면 아스라하구나! 그래도 어쩌겠니? 시험이라는 것이 모든 국가에서 인재를 배출하는 가장 기본적인 제도가 되어버렸으니 말이야. 그래서 내가 과거시험에 대한 이야기를 하면서도 한편으로는 마음이 무거웠단다. 우리는 어쩔 수 없이 시험제도와 함께 살아갈 수밖에 없단다. 그러니 대학 입시 같은 시험을 거부할 수도 없는 것이니까, 대학 입시만이라도 학생들에게 편안하게 응시할 수 있도록 제도 보완을 해 자리를 잡았으면 좋겠어.

소연_ 선생님도 시험 스트레스가 많았군요? 전 공부 잘하신 줄 알았어요. 진짜 우리는 시험벌레들 같아요. 아무리 시험제도를 인정하지 않을 수 없다고 해도…… 획창 시절이란 시험의 역사잖아요. 진짜 대학 입시만이라도 좀 편안하게 볼 수 있도록 해줬으면 좋겠어요.

지후_ 근데 교육부 장관에 따라서 또는 대통령에 따라서 걸핏 하면 바뀌잖아. 아, 그것도 짜증 나! 고등학생이 되는 게 무서워. 초딩에서 중딩 될 때도 무서웠는데, 곧 고딩 된다고 생각하니까 이건 진짜 다른 세상에 들어서는 것 같아. 무서워! 오죽 하면 대한민국에서 고3이 가장 무섭다는 말이 나왔겠어!

에구, 어떡하니? 내가 해줄 것도 없고…… 대신 오늘 너희들 먹고 싶은 것은 다 쏠게. 먹고 싶은 거 있으면 또 시켜라!

지후_ 정말 그래도 돼? 와우!!!

인문학을
가장 중요하게 생각했던 사람들

자, 이제 이 이야기를 정리할 때가 되었네. 난 말이야, 나이 50이 넘어서야 우연히 조상들의 유품을 보면서 과거에 대한 공부를 시작했단다. 그러면서 내가 너무 몰랐다는 사실을 자각했어. 그리고 너무 재미있다는 사실도 알았지. 그때부터 난 누굴 만날 때마다 과거에 대한 이야기를 떠벌렸어.

"이렇게 재미있는 이야기를 왜 학창 시절에는 지겨워하고 싫어했을까요? 공부하면 할수록 재미있네요. 많은 한계가 있었지만 그래도 한편으로는 요즘보다는 낫다는 생각도 들어요. 왜냐하면 요즘 공부는 영어와 수학 중심이지만 옛날에는 인간에 대한 탐구, 즉 인문학이었기 때문이지요. 공자와 맹자의 사상, 즉 유교 사상에 한정되어 있었던 것도 사실이지만 그것만으로도 대단한 학문이거든요.

은행나무 아래서 공자가 제자들을 가르치는 모습. 〈공자행단현가도〉 문화재청

과거 합격 후 은사에게 감사의 절을 하는 모양.
〈실비 짓는 모양〉 김준근, 국립민속박물관

사실 유교 사상은 장자와 노자 그리고 불교 사상이랑 뿌리가 같다고 볼 수 있어요. 그러니 대단한 일이지요. 우리 현실을 생각하면 초라해집니다. 지금 우리는 오직 돈만 생각하면서 살아가잖아요. 도무지 이 세상에 대한 고민, 인간과 자연에 대한 고민이 없잖아요. 자기들만 잘살기 위해서 오직 앞만 보고 달려가잖아요."

나는 그런 이야기를 하고 집에 돌아오면 다시금 조상들의 홍패와 과거시험 답안지를 들여다보았어. 조상들의 손때가 묻은 종이 속에는 인간과 세상을 향한 근원적인 생각들이 깃들어 있다고 확신했으니까. 또한 내가 공부하는 거의 모든 고전소설은 과거제도를 염두에 두고 쓰여졌음을 알았지. 과거시험이 비록 한계는 있지만 그 시절에는 민초들에게 꿈과 희망이었어.

나는 그런 생각을 하면서 이 이야기를 너희들에게 들려준 거야. 너희들도 그렇게 꿈과 희망을 가지고 살아갔으면 좋겠어. 과거시험에 대한 공부를 하면서 그런 생각을 간절하게 했단다. 애들아, 내 이야기가 너희들이 살아가는 데 조금이라도 도움이 되기를 바랄 뿐이야.

소연_선생님, 고맙습니다. 우연히 친구네 집에 놀러 왔다가 이런 이야기를 듣게 되어서 너무 기뻐요. 시험이라는 것에 대해서 진지하게 생각해볼 기회가 되었고요. 또한 과거시험에 대해서도 많이 알게 되었어요.

지후_아빠, 나도 고마워. 특히 과거시험이 인문학을 중시했다는 말이 귀에 꽂히네. 그리고 우리 조상님들 중에서도 그런 분들이 계셨다는 것도. 이제부터 저 홍패랑 백패를 찍어서 친구들한테 자랑해야겠어. 헤헤헤.

❖ 작가의 말 ❖

　조상대대로 내려오는 과거시험에 대한 여러 가지 책을 보면서, 내가 얼마나 과거시험에 대해서 몰랐는지를 깨달았다. 뒤늦게 하나하나 알아가면서 학창 시절 책으로만 보면서 줄줄줄 외웠던 역사가 아닌, 절절한 삶이 가슴으로 느껴졌다. 그렇게 절절하게 다가왔던 것은 과거시험이 사라져버린 역사가 아니라 지금도 현재 진행형이라는 사실을 깨달았기 때문이다.

　나는 아직도 시험 보는 꿈을 가장 많이 꾼다. 수학 문제를 풀지 못해서 쩔쩔 매는 꿈을 꾸고 나면 뇌가 온통 헝크러져 있는 것처럼 어지럽고 그날 하루가 무척이나 무겁다. 대학 입시에서 낙방하는 꿈을 꾸고 나면 이상하게도 무기력해진다. 그 많은 시간이 흘렀는데도 시험지 속에서 허둥거렸던 기억들이 아직도 나를 놓아주지 않는다.

　나를 비롯하여 우리나라 아니 전 세계의 사람들 중에서 시험으로부터 자유로운 이들은 단 한 명도 없을 것이다. 우리는 모두 시험에 얽매여서 살아간다. 세상 그 모든 시험의 시발점이 동양의 과거시험이었다는 것을 알았다. 전 세계 모든 인재 등용 방법이 시험제도임을 감안할 때 결국 우리의 과거시험이 세계 역사를 바꾼 셈이다. 그 사실을 깨달은 순간부터 내 귀에는 날마다 시험의 수레바퀴 속에서 살아가는 청소년들의 한숨과 탄식이 들려왔다.

옛날 청소년들도 요즘 청소년들처럼 지겹도록 공부하라는 소리를 들으면서 성장했다. 오히려 지금보다 더했으면 더했지 덜하지는 않았다. 요즘이야 공부를 못해도 나름대로 살아갈 수 있는 길이 많지만 옛날에는 공부를 잘하지 않고는 잘살 수 있는 길이 거의 없었다. 그러다 보니 사생결단을 하듯이 공부에 올인할 수밖에 없었고, 부모들은 자식이 공부를 하지 못하면 자식 취급도 하지 않았다.

결국 어느 시대건 시험을 등지고서는 제대로 살아갈 수가 없다는 뜻인데, 그렇다면 이 세상 모든 시험의 시작이었던 과거시험이라는 것이 어떤 제도였는지 알 필요가 있다는 생각이 들었다. 나는 과거시험에 대해서 알아가면서, 과거시험이라는 것이 단점도 많지만 놀랍게도 장점이 아주 많은 제도라는 사실도 알았다. 과거제도의 핵심은 공평한 인재 등용이었고, 공부를 위한 공부가 아니라 인간을 위한 공부에 역점을 뒀다. 즉 옛날 공부의 기본은 철학과 글쓰기였다. 문과든 무과든 모두 마찬가지였다. 그러니까 요즘처럼 영어 수학만 잘해도 좋은 대학에 가고, 좋은 직장을 얻는 것과는 다르다.

철학이란 대부분이 유교라는 한계를 가지고 있지만 '어떻게 하면 인간으로서 올바르게 살아가야 하는가'에 대한 고민을 하는 것이고,

글쓰기란 '겸손하게 자신의 생각을 잘 드러내는 것'이다. 이 두 가지를 하지 못하면 절대 좋은 직장도 얻을 수 없었고, 고위공무원도 될 수 없었다. 그러니 요즘 우리나라에 치러지는 고시보다도 과거시험이 훨씬 더 좋은 제도였음을 알았다. 물론 여성 차별과 신분 차별이 있었다는 한계를 가지고 있지만, 시험과목 그 자체만으로 봤을 때는 요즘 시험보다 오히려 더 진보적이었다고 생각한다.

나는 아이들에게 그런 이야기를 들려주고 싶었다. 부디 이 책이 아이들에게 또 다른 부담으로 다가가지 않았으면 좋겠다. 그래서 최대한 쉽게 쓰려고 했고, 최대한 지금 우리 사회에서 일어나는 일들을 비교하면서 이야기하려고 했다. 공부에 지친 학생들이 잠깐 쉬어가듯이 이 책을 보았으면 좋겠다.

봄바람이 겨울을 이겨낸 나무들을 어루만져 주면서
한바탕 춤판을 벌이고 있는 2018년 봄날,
이상권

중간고사를 앞두고 아이들은 '우리만 이렇게 힘든 걸까?' '언제 이 길이 끝이 날까?' 궁금해 합니다. 그런 청소년들에게 저자는 옛날 조선시대의 아이들도 시험 때문에 힘들었다는 얘기를 여러 가지 자료를 통해 알려주면서 기운을 잃지 말고 힘내라고 북돋아줍니다.

박물관이나 미술관에 있는 김홍도의 서당 그림이나 정선의 금강산 그림과 같이 민화나 풍속화의 한 장면 속으로 아이들을 쑥 이끌고 갑니다. 『홍길동전』의 길동이가 되게도 하고 『춘향전』의 이몽룡이 되게도 합니다. '조선시대 사람들은 어떻게 살았을까'에서 더 나아가 '당시의 청소년들은 어떻게 살았을까'라는 이야기 속으로 아이들은 빨려 들어갑니다. 그 속에서 당시 청소년들이 겪었던 공부와 시험과 고민들을 충분히 상상할 수 있습니다. 나아가 신분 구조나 정치 상황과 긴밀하게 연결하여 이야기를 풀어나가는 덕분에 당시의 시대상을 구조적으로 이해하는 역사 공부에도 도움이 됩니다.

사람이 일생을 살아가면서 한번은 자신의 꿈과 미래를 위해 열심히 노력해야 하는 시기가 있고, 그 시기가 바로 지금 청소년기라는 것을 이해하는 데도 도움을 줍니다. 이 책은 '조물주 위에 건물주'라며 꿈과 희망을 잃어가는 학생들에게 조그만 위로가 될 수 있을 것입니다.

박인숙_강현중학교 역사 교사

이 책은 과거제도가 단순히 전근대에 존재했던 관리 선발 시험에 그치지 않고, 현재 우리의 일상과 현실, 사고방식에 이르기까지 전 방위적인 영향력을 행사하고 있다는 것을 느끼게 해줍니다.

저자는 아버지와 딸이 대화하는 방식의 친절한 문체로 과거와 현재의 이야기를 넘나들면서 과거제도에 대해 우리가 미처 알지 못했던 구체적인 내용들을 알기 쉽게 전달합니다. 이러한 좋은 가독성은 평소 교과서를 읽기 어려워하는 학생들이 쉽게 책을 읽을 수 있도록 도와줍니다.

책의 내용 또한 풍부한 시각 자료, 구체적인 사례와 사료 등을 통해 과거제도의 장점과 단점을 두루 접할 수 있도록 구성됨으로써 과거제도를 논제로 토론 수업, 프로젝트 수업, 하브루타 수업 등 학생 주도형 활동 수업을 준비하는 교사와 학생에게 매우 큰 도움을 줍니다. 특히, 과거시험 문제집처럼 흔히 접하기 어려운 개인 소장 자료, 19세기 말 풍속화가인 기산 김준근의 작품 등의 시각 자료는 수업에서 활용 가치가 높습니다.

교육과정상의 제약과 교과서의 한계를 보완하면서 학교 교육을 더욱 풍성하게 해줄 것으로 기대되는 이 책은 역사는 과거에서 건너온 파편이 아니라 인간의 삶 그 자체임을 오랜만에 느낄 수 있게 해주었습니다.

이동욱_숙지고등학교 역사 교사

과거시험이 전 세계 역사를 바꿨다고?
-요즘도 과거시험을 보면서 살고 있는 아이들

ⓒ 이상권, 2018

초판 1쇄 인쇄일 | 2018년 4월 10일
초판 1쇄 발행일 | 2018년 4월 20일

지은이 | 이상권
펴낸이 | 사태희
디자인 | 박소희
마케팅 | 최금순
편집인 | 조혜정
제작인 | 이승욱

펴낸곳 | (주)특별한서재
출판등록 | 제2017-000024호
주 소 | 04167 서울시 마포구 마포대로 33, 한화오벨리스크 오피스텔 704호
전 화 | 02-3273-7878
팩 스 | 0505-832-0042
e-mail | specialbooks@naver.com
ISBN | 979-11-88912-16-2 (44080)
        979-11-88912-13-1 (세트)

잘못된 책은 교환해드립니다.
저자와의 협의하에 인지는 붙이지 않습니다.
저작권법에 의하여 보호를 받는 저작물이므로 무단 전재와 복제를 금합니다.

이 도서의 국립중앙도서관 출판예정도서목록(CIP)은 서지정보유통지원시스템
홈페이지(http://seoji.nl.go.kr)와 국가자료공동목록시스템(http://www.nl.go.kr/kolisnet)에서
이용하실 수 있습니다. (CIP제어번호: CIP2018010972)